CHÂTEAUNEUF-DU-PAPE

LA QUATRIÈME DIMENSION

Dédicace
À la mémoire de Jean Lonjard et de Jean-Pierre Mermillod, un parrain qui me parlait – sans que je ne comprenne vraiment – des vins de Châteauneuf-du-Pape.

Remerciements
Merci à Jacques Glénat de m'avoir missionné pour ce nouveau livre, Jean-Paul Rousselet et Laurence Houlle de la même maison d'édition, à la maison Ogier pour l'asile politique, mes amis Jean-Luc & Anita, aux frères Derobert du Délirium & Lucile Orblin, à tous les vignerons, vigneronnes, négociants, érudits, quidams qui traversent le texte, les autres que j'ai omis de citer, et une mention particulière et amicale à Michel Blanc, le fédérateur directeur du syndicat.
Jean-Charles Chapuzet

La réalisation de cet ouvrage a été un bonheur de découvrir et de redécouvrir des lieux et paysages que la lumière nous propose au même titre que les terroirs donnent naissance à des saveurs tellement divers et authentiques. Je voudrais remercier toutes les personnes rencontrées au cours de mes prises de vues qui ont si aimablement participé d'une manière ou d'une autre à la réalisation de ces images mais également et tout particulièrement ceux qui ont été le tamis de la moisson d'images récoltée Michel Blanc et Jean-Paul Rousselet, merci à tous.
Christophe Grilhé

Toutes les photographies sont de Christophe Grilhé, sauf celle de la page 47
© Fédération des syndicats de producteurs de Châteauneuf-du-Pape.

© 2017 Éditions Glénat
Couvent Sainte-Cécile
37, rue Servan – 38000 Grenoble
Dépôt légal : octobre 2017
ISBN 978-2-344-02223-8

TEXTES JEAN-CHARLES CHAPUZET • PHOTOS CHRISTOPHE GRILHÉ

CHÂTEAUNEUF-DU-PAPE

LA QUATRIÈME DIMENSION

Glénat

LE VIN DE CHÂTEAUNEUF-DU-PAPE OU LA COMPASSION POUR LE DIABLE

Horizon de sang, sucs de mélancolie,
les vignes succombent aux terres succubes.
Au crépuscule, je les ai vus danser
un territoire et un paysage qui parlent d'architecture militaire, le site de toutes les batailles.

Je suis en poste à Ostie mais je suis ton légionnaire.
Le souffle qui se brise sur mon visage ne suffit pas à embraser la violence de ta campagne, ta peau de feu sous mes pieds est foudre à canon, je veux être la longe de tes membres, je veux border la terre pour toucher l'ombre que ta guise déplie, je veux que ton souffle d'hydre me consume à nouveau.
Que l'écorchure de tes caresses de soie poids plume soit cruelle, que tes mots précis de sabre m'anatomisent, que tes phrases longues comme des pluies de pourpre m'ensorcellent jusqu'au ventre, que le plomb du bleu féroce de tes yeux mitraille mes veines et que, mêlé à ta chair, mon sang se fâche d'éclairs grenache.
Oiseau de gorge, tu chantes le sourire et tes victoires tu cries.
Poète colosse ou libellule de combat, tu m'éduques à la muleta, tes caresses en habits de sorcier truffier du Ventoux, masques des violences souterraines, peuvent surprendre, déstabiliser l'obscurantiste averti, le Jacobin des prés, l'éthéré des salons, le technicien du lisse.
Parfois ta mémoire me plonge dans le lit d'une rivière souterraine, une source de rêves en forme de fleur blonde, de reflets solaires, un regain d'Ulysse, une somme.
L'eau m'aguiche, elle m'esquisse je la croque, toujours fraîche et fétiche.
À cheval sur mon imagination, tu bâtis des mirages de pierres taillées dans le vice, des tapis de galets bien roulés à tes pieds.
Enchanté de te connaître, j'ai deviné ton nom.

Rudy Ricciotti & Myriam Boisaubert
RUDY RICCIOTTI architecte

SOMMAIRE

VERTICALE 008

HORIZONTALE 060

DIAGONALES 124

QUATRIÈME DIMENSION 188

Ci-contre : les armoiries de Châteauneuf-du-Pape, que l'on trouve sur la bouteille ou comme ici sur la capsule, symbolisent une tiare papale placée au-dessus des clés de saint Pierre.

VERTICALE

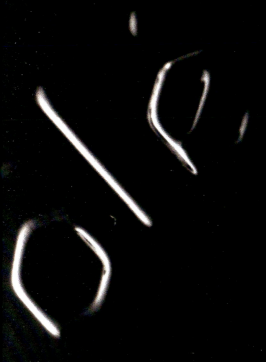

VERTICALE

L'Histoire, comme le vin, est une affaire d'assemblage ; les sols, les cépages, les styles se marient comme les événements et les trajectoires se conjuguent. Étonnamment, cette radiographie des terroirs et des hommes de Châteauneuf-du-Pape à l'endroit de son vin ne débute pas le long du Rhône mais dans le Languedoc, du côté de Montpellier. Nous sommes en 1907. C'est la mobilisation générale ! Haut les sécateurs ! La révolte gronde en ce début de siècle pour une fin de printemps. Le Midi voit rouge à l'image de son penchant jaurésiste et de ses sanguines terrasses du Larzac. Les vignerons ne vendent plus leurs vins. Ras-le-bol ! *« Guerre aux bandits narguant notre misère »*, chantent-ils… L'État doit trouver des solutions. L'État doit rendre des comptes. Le rapport physique est engagé entre le « peuple » et les forces de l'ordre. Sur des airs de jacquerie, les viticulteurs brandissent les tridents espérant faire passer le ministre de l'Intérieur et président du Conseil Clemenceau sous leurs fourches caudines. Les premières chaleurs accablantes de ce millésime 1907 attisent un volcan d'Oc au bord de l'éruption.

Passé le désastre de la crise phylloxérique des dernières décennies du XIXe siècle, le vignoble français rencontre d'autres obstacles : concurrence des vins espagnols, italiens et algériens, essor des vins trafiqués – coupés d'eau et de sucre – et fraudes en tous genres. Au final, entre les vins « naturels » des producteurs français et les autres cités plus avant, 80 millions d'hectolitres sont sur le marché de l'Hexagone alors qu'il ne s'en boit que les deux tiers. La consommation est en hausse à cette époque mais ne suffit pas à compenser l'excédent. Résultats : crise de surproduction, mévente et, par conséquent, baisse des prix. Malgré les lois tentant de protéger les producteurs, le négoce va au moins cher…

Au soleil couchant un rayon perce l'entrée de l'ancien parc
du château pontifical.

Doubles-pages suivantes : le donjon en ruine du château construit sous
le pontificat de Jean XXII domine le bourg.

Les vins du Languedoc et du Roussillon, comme du Rhône, moins cotés que ceux de Bourgogne ou de Bordeaux, sont alors des proies privilégiées à cette mauvaise conjoncture. Des agents travaillant pour le compte de négociants parisiens s'emploient dans cette région à dresser la liste des viticulteurs les plus en difficultés, prêts à brader leur vin pour survivre. Ainsi, le négoce profite de cette précarité pour acheter au plus bas prix. Les vignerons ont la corde au cou ! C'en est trop. Un certain Marcellin Albert décide de donner un coup de pied dans la fourmilière. Ce vigneron d'Argeliers dans l'Aude tient également un petit café qui sert d'annexe au Comité central de défense viticole. Aussi comédien du dimanche au théâtre de son village, Marcellin Albert est connu pour ses actions coup de poing. Naturellement, le bouillant quinquagénaire, avec sa tête de « Christ espagnol », va devenir l'icône de la révolte. Le Comité décide de faire débuter les hostilités au mois de mars 1907. À coups de clairon – qui sera offert plus tard à Staline ! –, le trublion excite les esprits. Dès les premiers jours de printemps, chaque dimanche, des manifestations sont organisées pour tirer la sonnette d'alarme. Des trains spéciaux à tarif réduit sont mis à disposition dans la région. On ouvre même les églises la nuit pour y loger femmes et enfants. Le 5 mai, 80 000 personnes foulent les pavés de Narbonne. Puis, c'est au tour de Béziers, de Perpignan, de Carcassonne, de Nîmes de s'enflammer. Le 9 juin, dix fois plus de manifestants piétinent l'asphalte montpelliérain. Chaque village y va de son engouement, de son abnégation. Maires, curés, instituteurs, notables entrent dans la mêlée. Revendications :

mettre fin aux vins importés comme trafiqués par le négoce et la tête sur le billot pour les fraudeurs. Le Languedoc renoue alors avec ses élans cathares contre les « barons du Nord »…
Parmi les trublions qui battent le pavé de Montpellier, un certain Pierre Le Roy de Boiseaumarié, le futur baron de l'AOC de Châteauneuf-du-Pape ! Il vient tout juste d'avoir 17 ans. Il a du sang ; et chaud. Face aux forces de l'ordre qui s'apprêtent à tirer, il met le feu à la porte du Palais de justice avant de détaler. Le type s'illustre en montrant un certain panache et du sang-froid cette fois ! Natif de Gray, le Franc-Comtois a suivi ses parents dans la commune de Vendargues. Son père était militaire, mais il a tout envoyé balader, écœuré de la loi de séparation de l'Église et de l'État que le père Combes a fait voter en 1905. À vau-l'eau les bouffe-curés ! Il troque alors les galons de l'officier pour l'uniforme du vigneron en achetant un domaine dans l'Hérault où son fils lui donne la main. Pierre est téméraire et ne manque pas l'extraordinaire insurrection qui se soulève en 1907. Il goûte alors de l'harangue, de l'union des viticulteurs, il caresse l'idée de la protection de l'origine des vins… et pas seulement du Languedoc ou du Roussillon. Le jeune homme a la vie devant lui, il rêve de devenir avocat…

Jeux de voûtes entre les murs du vieux donjon papal.

En attendant, les événements se précipitent: grève de l'impôt, ralliement des barons politiques locaux – dont Jaurès –, 442 municipalités démissionnent... «*Foudres pleins, ventres vides. Au secours*», peut-on lire sur des pancartes à Roquefort dans l'Aude. «*Du pain ou du plomb*», exhorte-t-on à Maraussan dans l'Hérault. La référence est toute trouvée à ce chef-d'œuvre américain: ce sont *Les raisins de la colère*. Le Tigre, lui, ne fait pas dans la littérature. La réponse du premier flic de France aux révoltés de Maraussan est sans appel: ce sera du plomb. Il fait arrêter les principaux meneurs dont l'agité Ernest Ferroul, maire de Narbonne, avant d'envoyer la cavalerie (de Lyon et d'Aurillac) pour mater les frondeurs. La répression atteint son point d'orgue les 19 et 20 juin à Narbonne où la troupe tire, sans sommation audible, sur les émeutiers. Bilan: cinq morts et des dizaines de blessés dont des gamins. Stupeur et châtiments! Le drapeau noir est hissé sur certaines mairies. «*Gouvernement d'assassins*», affiche la CGT. Des gendarmes sont passés à tabac. Un inspecteur est jeté dans le canal, des préfectures sont incendiées, des pierres éclatent les réverbères, les tonneaux roulent vers les cavaliers, les bouteilles sifflent aux oreilles des gardiens de l'ordre. La barricade n'a jamais aussi bien porté son nom avec la construction, dans les rues, de remparts de fortune faits de barriques. Le Roy de Boiseaumarié et consorts s'informent des incidents qui émaillent l'actualité et nourrissent les colonnes de la presse. Tout le monde est sur les dents.

Le 21 juin, quelque 600 mutins du 17ᵉ régiment d'infanterie de ligne en déplacement vers Agde viennent camper sur les allées Paul-Riquet à Béziers. Stupéfaction: c'est la solidarité! Avec le recrutement local, les militaires des casernes de la région sont de la famille des viticulteurs et parfois vignerons eux-mêmes. Le soldat désobéit; la famille avant la patrie, les frères et les sœurs avant l'État. «*Bientôt, la nouvelle fut vite répandue dans la ville et les villages voisins, parents et amis, tous se rendaient sur les allées qui furent envahies pour apporter des vivres aux pauvres pioupious*», écrira le mutin Elie Castan dans son carnet. Bandits et badauds, salauds, sans-lits sont aussi de la partie. On entonne l'*Internationale*. «*Alors s'érigèrent des marmites de soupe en plein air: les allées étaient pleines de litres de vin,* note le romancier Pierre-Étienne Martel. *L'ivresse agrandissait les yeux hagards de ceux qu'avaient altérés la chaleur et les ardeurs de l'invective. Manches retroussées, chemise ouverte, vareuse en l'air, bras dessus, bras dessous, ils s'avancèrent vers*

Double-page précédente: l'oratoire de Saint-Marc de la maison Ogier.
Les pierres ayant servi à la construction du château proviennent de
carrières situées sur la commune de Courthézon à l'est de l'appellation.

PIERRE LE ROY DE BOISEAUMARIÉ, LE FUTUR BARON DE L'AOC DE CHÂTEAUNEUF-DU-PAPE !

les caboulots, trapus et arrogants. Des femmes les accompagnaient, des femmes des rues Victor-Hugo, Lamartine, Musset, Saint-Saëns… ». L'atmosphère est pesante. Des coups de fusils retentissent dans les platanes. Les mutins, héros d'un soir, anxieux et pressés par leurs parents de rentrer dans le rang, savent qu'ils risquent le peloton d'exécution. Finalement, Clemenceau promet, à la condition de rejoindre la caserne immédiatement, qu'il n'y aura pas de sanction. Il s'en fallut de peu… Mi-figue, mi-raisin, les pouvoirs en place parviennent à mettre fin au conflit par le vote hâtif d'une loi rétablissant la surtaxe sur les sucres assortie d'une amnistie fiscale et politique. Le monde du vin est en émoi. Les manifestants ont fait bouger les lignes ! Quant à Marcellin Albert, Clemenceau sut le discréditer en deux temps trois mouvements. Lors d'un voyage à Paris pour discuter de la crise, le président du Conseil s'empresse d'offrir au leader syndical cent francs pour son billet retour. Marcellin Albert apprécie, les journalistes aussi. Clemenceau, venant de l'extrême gauche, connaît bien la faiblesse des siens.

Faute d'une punition exemplaire qui aurait été perçue comme une provocation à l'égard de l'opinion publique, les mutins du 17e régiment sont envoyés à Gafsa en Tunisie. *« Et souffle le sirocco/Le jour dehors y a personne/Chacun dort, boit ou ronchonne/Pas de fête/On s'embête/On s'empiffre de coco/On voit passer des chameaux/Et l'on pense à Clemenceau. »* Cette chanson et bien d'autres alimenteront la légende de ces soldats du peuple qui, sans avoir le droit à la parole ni au vote, sont allés défendre leurs frères. Bien aidé par la propagande anarcho-syndicale, teintée d'antimilitarisme et d'antiparlementarisme, cet épisode demeurera symbolique lorsque la région traversera de nouvelles crises viticoles. À chaque opération plus ou moins violente, « 1907 » sert de pierre angulaire au combat. À commencer par ceux à venir de Pierre Le Roy de Boiseaumarié. Non loin.

De cet épisode, il s'en sort sans égratignures mais avec des souvenirs plein la tête et une certaine idée de la lutte pour ne pas dire de la France. Moins romantique, celui qui rêve du barreau doit mettre un terme à ses études de Droit. Son père décède en 1912. Ainsi, de retour de son service militaire, il hérite du titre de baron et oublie le métier d'avocat pour celui de vigneron. Pas pour longtemps. Les événements d'août 1914 le précipitent dans la guerre avec deux années dans l'artillerie puis en tant que pilote de chasse. Il tutoie la mort lors d'une bataille aérienne. Miraculé, le voici à jamais en sursis ; tête baissée. On le placarde de médailles, mais ça ne donne pas un métier d'autant que sa mère, faute d'hommes à la ferme, a vendu la propriété. Que faire ? C'est une histoire de cœur qui le conduit à Châteauneuf-du-Pape. Épris d'Edmée Bernard Le Saint, le jeune baron se marie avec la fille du propriétaire du Château Fortia. Le gendre idéal est en selle ; il tient son projet.

UN VILLAGE, UN PAPE, LE VIN, LE COMMERCE : LA MESSE EST DITE, CHÂTEAUNEUF TIENT SA RÉPUTATION.

Après tout, nous ne sommes pas si loin du Languedoc. Le monde est petit, celui du vin *a fortiori* itou. En sus d'Edmée, Pierre Le Roy de Boiseaumarié épouse aussi une histoire, celle d'un vignoble greffé à la papauté. Et ce n'est pas une miséricorde. C'est la fierté de toute une colline pour une démarcation quasi sacrée. En 1893, le village de Châteauneuf va même s'attacher la particule « du Pape », en référence au vin qui y est produit.

L'histoire de ce vignoble est bien connue grâce à l'abnégation de journalistes (Michel Dovaz, Harry Karis...), d'historiens et d'érudits locaux à commencer par Jean-Claude Portes. Ce Vauclusien, nommé instituteur à Châteauneuf-du-Pape en 1968, a signé plusieurs ouvrages en tant que « passeur de mémoire », comme il se définit.

À l'évidence, le vin a existé avant la papauté d'Avignon sur les fameux galets roulés de Châteauneuf. Depuis les colons grecs, plus encore les Romains, on faisait du vin un peu partout. Mais au début du IIe millénaire, l'économie du village est davantage tournée vers la tuilerie. Ainsi, écrit Portes, *« avant d'être connu pour la qualité de ses vins, Châteauneuf était réputé pour sa chaux, ses tuiles et ses carreaux qui étaient les principales ressources du village »*. C'est la fumée blanche qui va asseoir le destin vinicole de cette cité.

Sur fond d'intrigues claniques à Rome, de luttes de pouvoir au carrefour du spirituel et du temporel entre le roi de France Philippe le Bel et les Templiers, le pape français élu en 1305 refuse de siéger au Vatican. Clément V est un pape nomade ce qui l'amène notamment à deux reprises dans le village fortifié de Châteauneuf. Proche de Vienne où se tient le concile aboutissant à la suppression de l'Ordre des Templiers, répondant aux faveurs de Philippe le Bel, le choix de la résidence des cardinaux se porte sur Avignon, carrefour important par le Rhône entre le Saint-Empire, Le Languedoc, la Provence, l'Espagne et l'Italie. Ainsi débuta la parenthèse de la papauté en cette terre.

L'intérêt pour nous réside dans le second pontife, Jean XXII, élu en 1316. Non seulement il confirme le choix du palais à Avignon et, pour avoir été seigneur de Châteauneuf – cité où il fait bon vivre –, il fait construire un château au sommet de ce village. Des travaux colossaux, la proximité et la faveur du Palais des Papes... Débute l'âge d'or de la bourgade avec notamment le commerce du sel. La nouvelle activité « sacrée » près du pont Saint-Bénezet amène une effervescence

La « montée du château » à la sortie de l'hiver.

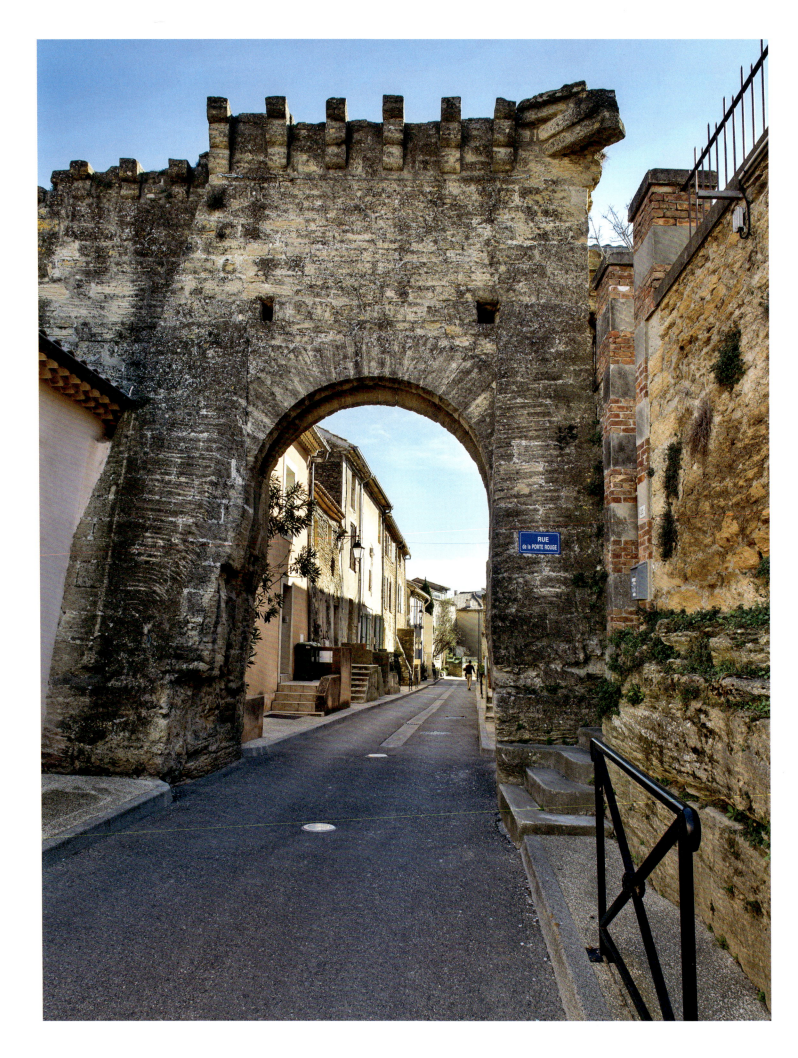

administrative et économique certaine. Avignon, un temps, c'est Byzance. *The place to be*. Des migrants affluent dans tout le Comtat Venaissin : théologiens, universitaires, marchands, mafieux... Si le vin est le sang du Christ, l'argent est le nerf de la guerre sainte. L'obsession de Jérusalem pousse les papes d'Avignon à augmenter la fiscalité sur les diocèses européens. Des champions du prélèvement débarquent à Avignon, de préférence des banquiers italiens comme les Florentins Biche et Mouche qui copinent aussi avec Philippe le Bel. Bref, des affaires, des affairistes, des conflits d'intérêts, du « beau » monde qui profite à toute une région. Ça dépense, ça ripaille, ça picole. Le dessin de l'album Laincel conservé à la bibliothèque municipale d'Avignon dresse le portrait d'un village de Châteauneuf au XIVe siècle beau comme un Pape, semblant émerger, comme le Mont-Saint-Michel, d'une mer de vignes pour s'étirer vers le ciel par son château flambant neuf dont les restes demeurent aujourd'hui. L'image d'Épinal est en place. Non loin du Rhône, le vin issu de cette colline est fameux et la proximité avec cette nouvelle Rome lui fait gagner ses lettres de noblesse. Si le vin de Châteauneuf est redevable aux Papes, il doit aussi à l'importance du fleuve.

Cet âge d'or se traduit par une prédominance de la culture de la vigne comme l'atteste le document essentiel pour les historiens qu'est le censier de 1344. Ce registre fiscal dénombre notamment quelque 500 habitations intra-muros ainsi qu'à l'extérieur des remparts, des fabriques de tuiles et autour de 2000 parcelles de vignes soit 45 % des terres cultivées sachant que la culture céréalière est vitale. Sur ce manuscrit demeurent des noms de parcelles – sur lesquelles nous reviendrons au prochain chapitre – mais aussi des noms de famille comme les Armenier qui ont

SI LE VIN DE CHÂTEAUNEUF EST REDEVABLE AUX PAPES, IL DOIT AUSSI À L'IMPORTANCE DU FLEUVE.

aujourd'hui le domaine de Marcoux (et ses vins sublimes). Naturellement, une copie du censier de 1344 trône dans la salle de dégustation. L'histoire est le lieu d'une saine fierté. Il y a toujours un peu d'atavisme dans les grands vins.

La peste, les rapines, les guerres de religions et autres vicissitudes du Moyen-Âge éteignent un temps la notoriété et le commerce des vins de Châteauneuf. Le vignoble disparaît comme peau de chagrin mais la référence au Pape est inscrite dans le marbre. Jean-Claude Portes nous cite Nostradamus en 1614 en rapport à une horde de Huguenots désireux de marcher sur le village : *« Parpaille avait tenté d'enlever Châteauneuf, qu'on dit communément de Pape, lieu qui produit des vins excellents dont plusieurs vaisseaux vont à Rome »*. Un village, un Pape, le vin, le commerce : la messe est dite, Châteauneuf tient sa réputation. Elle se poursuivra grâce à l'essor de domaines, La Solitude, Beaucastel, Nalys, Condorcet et surtout La Nerthe, une chose sur laquelle les historiens comme les propriétaires voisins s'accordent. À un tel point que des documents dissocieront les vins de Châteauneuf-du-Pape et ceux de La Nerthe. À Pomerol, il y a Pétrus et les autres… Dans le Sauternais, c'est la même musique…

La Nerthe, c'est l'histoire d'une terre et celle d'une famille très importante qui régna sur le domaine durant plusieurs siècles, les Tulle de Villefranche. Le mieux est encore de se rendre à la propriété, située au sud-est du village, et de prendre le pouls d'un passé, de sentir le poids de l'histoire. Le château, qui a été bâti au XVIIIe, en impose. Sur une hauteur, adossé à un bois et à une oliveraie, il regarde le village au nord et vers le sud la cité d'Avignon et son Palais des Papes. Son cœur balance. N'allons pas croire que le choix originel fut pour les terroirs viniques

l'entourent. Ce fut pour ses sources naturelles destinées à faire vivre la ferme. Aujourd'hui, le domaine compte plus de 90 hectares de vignes mais aussi un parc majestueux planté de chênes, de cèdres, de pins, de platanes immenses et de cyprès qui inspiraient René Char. L'ensemble appartient à l'exception française.

Dans l'entrée, les armoiries et le portrait d'un des descendants des Tulle de Villefranche rappellent la profondeur du lieu. Parmi la lignée, c'est Louis Gaspard Joseph (1720-1806) qui fut le plus déterminant dans le destin de cette propriété avec la construction de l'actuel château, l'extension du vignoble, le commerce et la promotion des vins. Les caves du XVIe et du XIXe siècle, les menuiseries, les archives placardées sur les murs complètent le tableau. Un cadastre du vignoble de 1780 donne le «la» sur l'ambition du propriétaire de l'époque qui vendait déjà son vin aux États-Unis. Le domaine compte aussi un client formidable en la personne du maréchal de Clermont-Tonnerre qui ne cesse de le faire connaître à la haute. Le commandant et nouveau propriétaire Joseph Ducos parachèvera l'œuvre jusqu'à l'acquisition récente en 1985 par la famille Richard dont nous parlerons plus tard.

Partant de La Nerthe et quelques autres domaines, partant de figures, les Tulle de Villefranche, marquis de Fortia, les familles Ducos, Establet, Mathieu, Ponson, Bouvachon, liste à jamais exhaustive, les vins de Châteauneuf-du-Pape prennent une nouvelle dimension au XIXe siècle, notamment sous le Second Empire où la conjoncture est favorable. Le chemin de fer tue le fleuve et accélère le commerce de ce produit. La notion de vin et de plaisir se confirme. On ne fait plus du vin partout; avec le temps, un darwinisme vinicole s'établit par la raison du meilleur – les terroirs s'affirment – et du plus fort – commercialement. Bordeaux, la Bourgogne à l'évidence et puis des challengers comme Châteauneuf-du-Pape, la colline de Sancerre, Cahors ou encore les pépites de la vallée septentrionale du Rhône (Hermitage, Condrieu, Côte-Rôtie). Lors de l'Exposition universelle de 1855, célèbre pour avoir fait accoucher le classement des vins de la rive gauche de Bordeaux, des représentants du vignoble castelpapal sont présents comme le Condorcet. Un an auparavant, le Félibrige – institution protégeant et promouvant la culture des pays d'Oc – est fondé notamment par Anselme Mathieu, propriétaire de Mont-Redon. Ainsi le poète Mistral et *tutti quanti* ne manquent pas à chaque manifestation de vanter les bienfaits de ce vin. Petit à petit, sans en exagérer son évolution, le Châteauneuf-du-Pape assoit sa notoriété dans la région et plus encore avant que le phylloxéra ne vienne anéantir la colline.

Dans toutes les zones vinicoles de l'Hexagone, c'est la catastrophe. Beaucoup perdent tout. C'est la misère, l'invasion de sauterelles, la pluie de crapauds. Tombent aussi du ciel des charlatans vendant leurs remèdes à bon prix, profitant de la vulnérabilité des gens. *Nihil novi sub sole* (Rien de nouveau sous le soleil). Les royalistes font rimer phylloxéra avec Gambetta. Les Républicains

Doubles-pages précédentes: le château des Fines Roches et le château Fortia.

dénoncent les processions religieuses dans les vignes. Le puceron débarque dans le Vaucluse au milieu des années 1860. En trois ans, le vignoble de Châteauneuf-du-Pape est amputé de 40 %. Le visage du village est exsangue. À Courthézon, tous les efforts d'Elzéar Dussaud-Bey sur sa propriété de Beaucastel sont réduits à néant. La Gardine, La Nerthe, Rayas, Fortia et le château Vaudieu sont vendus. Comme partout où la vigne était reine, on se met à la polyculture. Sur les galets roulés, c'est davantage les fruitiers que l'élevage. C'est quand même l'exode rural. Le plan Freycinet inspiré par le ministre des Travaux publics en 1878 aspire un peu de ce flux miséreux dans la construction de chemin de fer. Presque un tiers de la population du village met les bouts. D'autres restent, s'acharnent à sauver les miettes, à trouver la solution ; l'attachement à sa terre. La saveur du vin ne se mesure pas qu'à la caudalie.

Châteauneuf renaît de ses cendres par l'abnégation de ces familles tenaces. Et de nouveaux arrivants ! Le négociant parisien Henri Constantin vient faire construire le château des Fines Roches – sur les plans de l'ancien Palais des Papes – avec le vignoble qui va autour. *Le Figaro* se déplace et prédit une renommée universelle aux domaines phares de l'appellation ! Le nouveau propriétaire de La Nerthe n'est pas en reste. Le polytechnicien Joseph Ducos a fait entièrement replanter le vignoble avec les fameux porte-greffes d'outre-Atlantique. Marié à la fille du propriétaire de Condorcet – il rachètera la propriété en 1890, il participe à la nouvelle émancipation du vignoble de Châteauneuf-du-Pape. Maire, député, Président du premier syndicat viticole du village, Ducos est une locomotive pour les autres vignerons. À l'avant du train : Allemand, Ducamp, Quiot, Tacussel, Armenier, Constant, Avril, Establet, Girard, Coulon, Bouvachon, Buyez, Alazay… On l'a dit, en 1892 – le 21 mai pour l'Histoire, le conseil municipal décide que le village s'appellera désormais (à compter du 3 avril 1893) Châteauneuf-du-Pape. Une particule sacrée et un beau coup « marketing » ! *« Ce nom constitue une véritable marque de cru (…). Le grand commerce s'est mis également en mesure de répandre, en France et à l'étranger, l'ancien vin connu sous le nom de Châteauneuf-du-Pape et il serait éminemment désirable que le dictionnaire officiel des Postes et la nomenclature des bureaux télégraphiques portassent cette unique dénomination »*, peut-on lire sur le compte rendu de séance. Dans la foulée, on restaure le château et on le fait classer monument historique.

En ville, les choses avancent. Hors les murs, ce n'est pas la même limonade. Les années 1900 révèlent la concurrence des vins étrangers et les fraudes. Il faut se battre notamment contre des négociants malveillants qui viennent acheter des fûts de Châteauneuf pour les revendre sous le nom de Pommard ou Vosne-Romanée. Le viticulteur Paul Avril ne plaisante pas avec ça mais d'autres regardent d'abord leur portefeuille. C'est – déjà – la querelle de clochers dans le village tant et si bien que Paul Avril jette l'éponge en 1921. Mais un autre trublion va prendre le relais et comment ? C'est à cette époque que nous retrouvons notre baron, celui qui défiait les forces de l'ordre dans le Languedoc en 1907. Chez Le Roy, la forme a changé. L'homme s'est assagi. Ce n'est plus le cri du peuple mais la voix du notable. Celle qui électrifie les foules à en croire ses contemporains. Du début des années 1920 à la fin des années 1960, il va donner son corps à la protection des vins d'origine à l'échelle locale comme à l'échelle nationale et internationale. En 1923, il sera à Paris pour représenter le syndicat aux côtés des Bourguignons, des Bordelais et des Champenois. En 1929, à force de gouaille, il fait créer le Syndicat général des Côtes du Rhône. Avec Joseph Capus et Edouard Barthe, respectivement sénateur et député, ils fondent les prémisses de l'INAO (Institut national des appellations d'origine) dont il sera Président de 1947 à 1967.

L'ombre – pas seulement celle de son buste à Sainte-Cécile-les-Vignes – plane inévitablement sur le village. Le baron Le Roy n'a que des hagiographes. Il faut reconnaître qu'il a fait beaucoup pour asseoir la notoriété des vins de Châteauneuf-du-Pape. Ce collectionneur de présidences, de décorations et de timbres n'aura cessé de construire l'AOC, de discours en procès, de partenariats en combats (voir le chapitre II) avec un avertissement à l'adresse des jeunes générations *« dont trop s'imaginent que les cailles sont tombées toutes cuites »*, aimait-il dire. Aussi, comme une piqûre de rappel pour celui qui battit le pavé en 1907, il ne manquât pas de dénoncer, à la première fête des vignerons du 3 septembre 1934, que la France est envahie des vins *« des colonies et de l'étranger »*.

L'entre-deux-guerres verra donc la fondation de l'Appellation d'Origine Contrôlée le 30 juillet 1935. Mais *« si l'appellation est reconnue, il reste beaucoup à faire »*, souligne justement l'historien Jean-Claude Portes. Les négociants et les vignerons courent les foires ou l'Exposition universelle de Paris en 1937. Tout est bon pour la promotion. Le cachet de la Poste indique désormais « Châteauneuf-du-Pape grand vin de France ». En 1938, le Président de la République accepte l'invitation du baron Le Roy à l'occasion de la fête nationale des vins de France qui a lieu à Avignon mais aussi à Châteauneuf-du-Pape. Des colonnes de barriques décorent les rues et les caves pour l'événement. Paul Coulon, déjà cité plus haut, conserve précieusement le discours d'Albert Lebrun. Et pour cause : *« Le vin ne confère pas seulement santé et vigueur. Il porte aussi en lui des propriétés lénifiantes qui, en même temps qu'elles assurent l'équilibre rationnel de l'organisme, prédisposent à l'harmonie des esprits. Par surcroît, il sait, aux heures difficiles, verser dans nos cœurs hésitants, la confiance et l'espoir »*. Aujourd'hui, au regard de la loi Évin, il serait condamné…

Le baron Le Roy de Boiseaumarié.
Doubles-pages suivantes : l'entrée du château de La Nerthe et le château.

De la confiance et de l'espoir, il va en falloir à l'épreuve de la Seconde Guerre mondiale. Sans s'étendre sur ces années noires, le village de Châteauneuf-du-Pape n'échappe pas au marasme moral. Zone libre certes mais ce fut sans compter dans un premier temps sur l'occupation italienne, pas insensible aux vins du cru. Dans la nuit du 21 décembre 1942, à la gare de Sorgues, une troupe de soldats transalpins pilla un wagon rempli de Châteauneuf-du-Pape. En cette fin d'année, suite au débarquement allié en Afrique du Nord, les Allemands investissent tout le territoire français. Qui plus est, la Kommandantur choisit pour pénates le dominant domaine de La Nerthe. Les jeunes filles du village sont réquisitionnées à la tâche, la cave morfle; *heidi, heido, heida, ha ha ha ha ha ha ha* (NDE : il s'agit ici d'une chanson « à boire » de 1830 et non d'une chanson de propagande nazie).

Le donjon qui surplombe le village sert de poste d'observation et de dépôt d'armes que les Nazis feront sauter avant de décamper. Parmi les faits marquants, un convoi pédestre de 700 déportés traversera la cité le 18 août 1944 en direction de Sorgues. Comme partout, c'est la consternation, la collaboration, la résistance qui laisseront de profondes divisions, de profondes traces communément appelées le syndrome de Vichy et n'épargnant pas la vie syndicale et vigneronne. On ne refait pas l'Histoire.

Passés les bombardements, la Libération et ses règlements de comptes, la viticulture et le commerce du vin reprennent leur cours. On aperçoit de plus en plus de féroces machines dans les vignes qui viennent suppléer le cheval. *« Le tracteur fut une révolution »*, témoigne Paul Coulon. Au début des années 1960, le syndicat de Châteauneuf-du-Pape et celui qui regroupe les villages périphériques (Sorgues, Orange, Bédarrides et Courthézon), où l'on retrouve notamment Perrin de Beaucastel, Brunier du Vieux Télégraphe ou Granger du Château de Husson, se joignent pour la création d'une Fédération. Son premier Président en 1963 est Pierre Lançon du domaine de La Solitude. Derrière le syndicat se développe dans le même temps l'utilisation du flacon écussonné car le vin se vend de plus en plus en bouteille. Les années 1960 seront aussi marquées par le départ du baron Pierre Le Roy de Boiseaumarié, le 16 juin 1967 en son village de Châteauneuf-du-Pape; le vin est en deuil.

Les années 1970 et les années 1980 confirmeront la belle notoriété des vins de cette AOC dans la mondialisation du commerce de ce produit s'immisçant dans le luxe à la française. Ce succès concorde avec les progrès de l'œnologie et le développement des ventes directes au consommateur. De nombreux vignerons quittent le négoce pour devenir indépendants, phénomène s'accentuant à la lueur des années 1990. Toutefois, de prestigieuses maisons continueront de parier sur la qualité des vins de Châteauneuf-du-Pape et sa part en volume est toujours importante (autour de 50 %). Faut-il citer les nordistes Guigal et Vidal-Fleury, Jaboulet, Delas ou encore Chapoutier ? Et les locaux Ogier (Groupe AdVini), Bouachon (propriété du Bourguignon Boisset), Brotte (Brotte, La Fiole de Père Anselme et leur propriété Barville), Vignobles & Compagnie (anciennement La Compagnie Rhodanienne), Les Grandes Serres (propriété de la maison

VERTICALE

L'INFLUENCE DU CÉLÈBRE AVOCAT ROBERT PARKER
NE MANQUERA PAS DURANT TROIS BONNES DÉCENNIES
LE VILLAGE DE CHÂTEAUNEUF-DU-PAPE.

bourguignonne Michel Picard), le Gigondassien Gabriel Meffre, le Laurisien Ravoire ou les Sinards de la famille Perrin... Liste incomplète à laquelle vient s'ajouter la cave coopérative Le Cellier des Princes, fondée en 1925 et basée à Courthézon.

L'influence du célèbre avocat Robert Parker ne manquera pas durant trois bonnes décennies le village de Châteauneuf-du-Pape. Il déclarera même que les plus grands vins du monde sont ici... Que l'on soit pour ou contre, le critique américain sera le seul journaliste à faire et défaire des fortunes, notamment à Bordeaux. Reçu au château de Beaucastel en 1981, Parker suivra cette AOC et poussera à la création de cuvées parcellaires sinon élitistes. C'est l'époque de L'Hommage à Jacques Perrin...

Dans cet élan, outre les domaines déjà cités, l'AOC a profité de locomotives comme le domaine de Mont-Redon, Rayas, le regretté Henri Bonneau, le Vieux Télégraphe, La Janasse, La Gardine, Le Clos du Caillou ou le Clos des Papes sacré meilleur vin du monde sur le millésime 2005 par la revue *Wine Spectator*. *« Quand on a un prix comme ça, on ne le prend pas que pour soi, c'est le travail de x générations depuis 1600, j'ai pensé à mon grand-père que j'ai beaucoup connu, j'ai beaucoup pensé à mon père avec qui nous étions complices, et si ce fut une consécration pour le Clos des Papes, elle le fut aussi pour toute l'appellation car au fond c'est un châteauneuf-du-pape qui sortait numéro 1 »*, aime dire Vincent Avril.

Tout ce beau monde est poussé par une nouvelle génération qui ne semble pas attendre que « les cailles tombent toutes cuites ». Avec le plus souvent un bagage œnologique, forts de stages dans le monde entier, les Victor Coulon du domaine de Beaurenard, les Julien Barrot du domaine de La Barroche, les Brunier du Vieux Télégraphe, les Blandine Mayard du Galet des Papes, Laetitia Gradassi des Pères de l'Église, Chaussy et les deux cousins Laget du Mas de Boislauzon, les Yannick du domaine Eddie Feraud, les Thomas du domaine Magni, les frères des 3 Cellier, etc., injectent du sang neuf. L'Argentine, la Bourgogne, les États-Unis, l'Alsace, la Nouvelle-Zélande et l'Afrique du Sud, le Bordelais, la Corse, la Hongrie, autant de destinations pour s'oxygéner et découvrir le goût des autres. Revenir enfin et partager, boire des coups. *« C'est du bonheur de travailler à la vie de l'appellation »*, résume Laetitia Gradassi. *« Le bonheur est un sport d'équipe »*, écrivait Romain Gary... De fait, les filles sont bien présentes dans cette génération tout comme dans la précédente où les sœurs Armenier du domaine de Marcoux, Isabel Ferrando de Saint-Préfert ou les sœurs Maret de La Charbonnière ont sublimé leurs vins. Mais ne comptons pas sur ce livre pour satisfaire l'aberration bien-pensante consistant à y trouver des vins plus féminins. Le vin n'est pas une histoire de sexe ; mais de terroirs, de moyens et de talents. Nous y arrivons.

HORIZONTALE

HORIZONTALE

Par une nuit de clarté lunaire, le parterre d'éclats calcaires de Mont-Redon paraît des parcelles recouvertes de neige. De l'autre côté du village, le propriétaire de La Solitude indique le mont Ventoux et sa calotte blanchâtre en parlant de son Fuji à lui. Un peu plus au sud, les marcheurs parcourant La Nerthe apprécieront la lumière sur le Palais des Papes d'où s'élèverait cette fameuse fumée blanche ; c'est à La Gardine que nous irons voir le soleil rougeoyant disparaître derrière le château oublié de Roquemaure. Plus au nord, les Perrin du château de Beaucastel regarderont davantage vers les dentelles de Montmirail en passant par le village accroché de Gigondas. Non loin, dans le quartier de l'étang salé, c'est le *sud de nulle part,* un cadre pour Jeremiah Johnson… Au-delà du vin, ce territoire est d'une grande beauté. « *Châteauneuf-du-Pape, ce n'est pas seulement le vin de mon enfance, ce vin populaire du dimanche dans les familles françaises avec un nom qui pour un enfant sonnait merveilleusement, c'est aussi un paysage,* explique le critique de vins Michel Bettane. *C'est la Provence, il faut rappeler que la Provence historique est davantage autour de Châteauneuf-du-Pape et d'Avignon que sur la Côte d'Azur, avec ses félibres, sa civilisation, sa cuisine, son huile d'olive, ses pâtisseries, ses façons de vivre que l'on retrouve chez les producteurs.* » Dans ce théâtre de carte postale, à chacun son point cardinal, son sanctuaire, son horizon, sa vision. Châteauneuf-du-Pape est un concentré de points de vue.

Des vignes plantées sur les sols calcaires qui affleurent à l'ouest de l'appellation

Double-page suivante, de haut en bas : les célèbres galets roulés constitués de silice pure, autrement appelés « diluvium alpin ». Les éclats calcaires du Crétacé. Sols riches en calcaire sur alluvions anciennes formées de cailloutis.

DANS CE THÉÂTRE DE CARTE POSTALE, À CHACUN
SON POINT CARDINAL, SON SANCTUAIRE,
SON HORIZON, SA VISION.

Davantage mathématique, l'AOC Châteauneuf-du-Pape compte un peu plus de 300 exploitations. Entre 12 et 13 millions de bouteilles sont vendues chaque année avec une part export avoisinant les 80 % (Royaume Uni 40 %, États-Unis 15, Scandinavie, Allemagne, Suisse, Asie...). Les 95 000 hectolitres récoltés en moyenne lors des vendanges, pour un rendement médian de 32 hectolitres par hectare, sont commercialisés par le négoce en fonction des années à hauteur de 40, jusqu'à 60 %. Cette production repose sur 3 160 hectares répartis sur 5 communes. La commune de Châteauneuf-du-Pape en englobe un peu plus de la moitié ; Courthézon (660), Orange (380), Bédarrides (350) et Sorgues (130) se partagent le reste. Nous touchons donc l'appellation d'origine contrôlée qui s'est dessinée – comme partout – par un mélange de données objectives et de pressions politiques qui déterminent cette notion très française du terroir, dont l'acception relève de l'imaginaire tendant, par l'espace et le temps, à prouver que toutes les conditions sont réunies pour élaborer un produit unique, meilleur qu'ailleurs. C'est la conjonction de l'histoire, de la géographie, de la géologie, des pratiques culturales, des cépages, de son mistral gagnant, etc. *« N'en déplaise à ceux qui pourraient nier l'influence du terroir, je sentais qu'il y avait en moi je ne sais quoi de local et de résistant que je ne transplanterais jamais qu'à demi »*, notait l'écrivain rochelais Eugène Fromentin dans un ses romans. En somme, du réel et du sentiment d'appartenance...
À Châteauneuf-du-Pape, cette délimitation fut un véritable feuilleton judiciaire, opérée de 1904 jusque dans les années 1930 pour la fortune des avocats. Construire des murs ou tracer des frontières n'est jamais chose aisée... Toujours est-il, c'est l'étape obligatoire qui accouchera de la future appellation. L'édification de cette dernière fut tout aussi ardue dans les années qui suivront, non sans moult procès. C'est la loi du genre, certains appelleront ça la jurisprudence. On le sait, en réaction aux fraudes, le baron Le Roy et consorts poussent à la délimitation d'un territoire qui par la géologie et les usages justifierait d'en être – ou pas. Le cahier des charges est un appel aux armes. Primo, *« relever dans les communes voisines les déclarations de récolte revendiquant l'appellation Châteauneuf-du-Pape, de 1919 à 1922. Avec Régis Avril qui m'avait assisté dans ce travail nous avions constaté leur courbe ascendante. Entre-temps, le président étudiait les possibilités d'intervention pour éviter les abus... »*. Secundo, *« établir la liste des cépages nobles que nous voulions voir consacrés pour le droit à l'appellation. Il faut préciser que la commission s'inspira beaucoup des*

Double-page suivante : le château des Fines Roches.

études et des travaux de M. Joseph Ducos… Certains cépages recommandés ne feraient pas l'unanimité aujourd'hui. Mais il faut ne pas perdre de vue qu'à l'époque, le producteur n'était pas tenu à un degré minimum ». Tercio, « définir les terrains propres à produire des vins d'appellation d'origine ». Ce plan de bataille, rappelé par l'historien Jean-Claude Portes, oblige à choisir son camp, le côté de la barricade.

Le combat est clair, mais la loi du nombre fait défaut. Près de 150 vignerons s'opposent à cette directive. Le syndicat est mis à mal. « *Ce ne fut pas sans peine*, raconte Émile Armenier. *Beaucoup parmi les jeunes ne se souviennent pas de cette époque héroïque où nous n'étions qu'une poignée mais animés du désir de vaincre. N'ayant pas même la majorité dans le pays où il fallait bagarrer tous les jours pour ramener les réfractaires, stimuler les hésitants, donner des arguments sérieux aux timides qui avaient accepté* ». Il faut faire campagne pour créer une majorité et faire sensation lors des audiences. Tous les coups sont permis. Par voie de presse, on se lâche. Ceux qui ne veulent pas cotiser! Les Châteauneuvois qui voient d'un mauvais œil les vignerons de Bédarrides ou Courthézon qui pourraient revendiquer l'AOC! Ceux qui seraient exclus du territoire! « *Le syndicat et ses représentants sont attaqués de toutes parts*, écrit Jean-Claude Portes. *Ils doivent se battre sans cesse pour convaincre les opposants et lutter contre leurs manœuvres* ». Car le syndicat accélère

Le lieu-dit « Pielong » donne sur le géant de Provence.

toujours davantage sa réglementation. Ça se précise ; on passe de l'empirisme à des données scientifiques. Les vins doivent être issus de vignes plantées sur le terrain miocène recouvert par le diluvium alpin des plateaux, à l'exclusion des vignes plantées sur terrains d'alluvions, être issus de vignes plantées en coteaux à l'exclusion des vignes de plaine, être issus des cépages suivants à l'exclusion de tous autres : grenache, picpoul, terret, counoise, muscardin, vaccarèse, clairette, picardan, petite syrah, pinot, roussane, bourboulenc, mourastel fleuri, cinsault, ugni blanc et ugni noir. À cela s'ajoutent une provenance des vignes non soumises à l'immersion ou à l'arrosage habituel et un titrage à un minimum de 12°5. Le verdict du tribunal en date de 31 octobre 1924 retoque le syndicat avançant que les usages font autorité selon les dires des botanistes et des géologues. Sous le terme « usages » se cachent tout et son contraire. Mais le processus est enclenché ; en habile stratège Le Roy le sait bien. Le tribunal donne les clefs à une commission d'experts qui sera chargée de valider les demandes. Au bout du compte, ça joue pour le syndicat !

Les quatre années qui suivront vont conduire de fait à l'établissement d'un cahier des charges motivé par les experts et le syndicat qui se renforce. Les vins de Châteauneuf-du-Pape se dessinent en un cru par des usages et une géologie, par des cépages et une philosophie.

ON ENTRE DANS LA POÉSIE, DES NOMS QUI RÉSONNENT SUR NOTRE PALAIS POUR LE FAIRE SALIVER.

Chacun met de l'eau dans son vin… En 1929, le tribunal d'Avignon entérine le travail des experts et inclut sur la demande du syndicat la production de vins blancs. *« Les vignerons de Châteauneuf-du-Pape sont des précurseurs,* souligne justement Jean-Claude Portes. *Ils se sont imposé des règles que n'exige pas la loi »*. Pour devenir la première AOC de France par le décret de 1936 où suivront – « en référence à Châteauneuf-du-Pape » – Arbois, Tavel, Cognac, Cassis et Monbazillac. Précurseurs encore, Le Roy et Capus (ancien ministre de l'Agriculture de 1923 à 1925) trouveront l'idée de la capsule-congé pour certifier l'origine du vin de la bouteille en dégustant des huîtres du côté de Marennes en Charente-Maritime. Les bourriches y sont estampillées d'une étiquette relative au contrôle sanitaire. Eurêka. L'air de la mer a du bon!

Avec la capsule en gardienne du temple, les murs d'enceinte sont posés sur les environs de Châteauneuf-du-Pape. À ce propos, qu'en est-il des limites de ce territoire? En plantant la pointe du compas dans la tour du château, ça ne marche pas comme un cercle parfait. Certes la zone d'appellation entoure le village, mais sa forme ressemble davantage à un ballon de rugby s'étirant du nord-ouest au sud-est, des lieux-dits Coudoulet, Bois Lauzon, Bertaude et Maucoil aux lieux-dits Crousroute, Grand Coulet, Pigeoulet ou Croix de Bois. On entre dans la poésie, des noms qui résonnent sur notre palais pour le faire saliver. Au sud-ouest, tassés par la présence du Rhône, on retrouve les Serres, le Bois de la Ville, la Croze. De l'autre côté du village, ce sera la Janasse, Rayas jusqu'aux Saumades ou La Font du Loup jusqu'à une zone de palus qui baigne le village de Courthézon. Ces noms nous parlent! En laissant tomber son crayon au hasard, c'est le sommet de Pied Long, la butte de la Crau, le Bois de Boursan, Montolivet, Vaudieu ou l'Étang. Comme un clin d'œil au censier de 1344, comme un pied de nez aux mauvais procès. Les Sénéchaux, les Beaurenard, les Bosquets, les Montredon étaient cités. Par le jeu des divisions, le hasard des rencontres et les aléas de l'histoire, le nom des propriétés s'est figé le plus souvent en rapport aux lieux-dits, mais les domaines viticoles sont rarement d'un seul tenant. Sur une heureuse carte du domaine de Marcoux, on peut apprécier l'éclatement du parcellaire, sur la Crau, les Bosquets, l'Arnesque, la Bigote, Marius ou Pigeonne pour ne citer qu'elles. Il y a de l'esprit bourguignon sur cette terre châteaunevoise et ce depuis longtemps comme en témoignent déjà les cadastres de la propriété du comte de Fortia d'Urban en 1814 ou

Double-page suivante : Châteauneuf-du-Pape est composé d'une grande diversité de sols qui forme une véritable mosaïque géologique.

d'Elzéar Dussaud Bey à Beaucastel aux débuts des années 1870. Plus lointain encore, autour de 1730, lorsque l'archevêque concède des baux d'une trentaine de parcelles de garrigues pour planter de la vigne. Elles s'appelaient Piélong, Pierredon, Carbonière, Brusquière, etc.

Sous ces noms, pour certains devenus célèbres, se dissimulent un sol et un sous-sol. La compréhension de ce terroir est devenue au fil des années de plus en plus précise pour mieux y apprécier sa vocation vinicole. En cela, l'ouvrage de 2009 du Néerlandais Harry Karis, *The Châteauneuf-du-Pape Wine Book*, pousse un peu plus loin l'autopsie, tout comme les travaux de l'œno-géologue Georges Truc. Ce dernier nous explique qu'il existe trois familles fondamentales de formations géologiques et de terroirs constituant le sous-sol de Châteauneuf-du-Pape : les calcaires du Crétacé, surtout présents à l'ouest, les sables et les grès de la fin du Tertiaire, enfin les cailloutis à galets de quartzite du Quaternaire.

À l'origine, concernant les calcaires, ce sont des vases déposées dans un golfe il y a 120-125 millions d'années, qui se sont progressivement transformées en calcaires résistants. «*Au fil du temps*, explique Georges Truc, *soumis aux déformations imposées par la tectonique,*

Blandine Mayard, jeune vigneronne, taillant un vieux cep de grenache conduit en « gobelet » sur le lieu-dit « Valori ».

Doubles-pages suivantes : sur le chemin de La Solitude, au printemps, la vigne pleure.

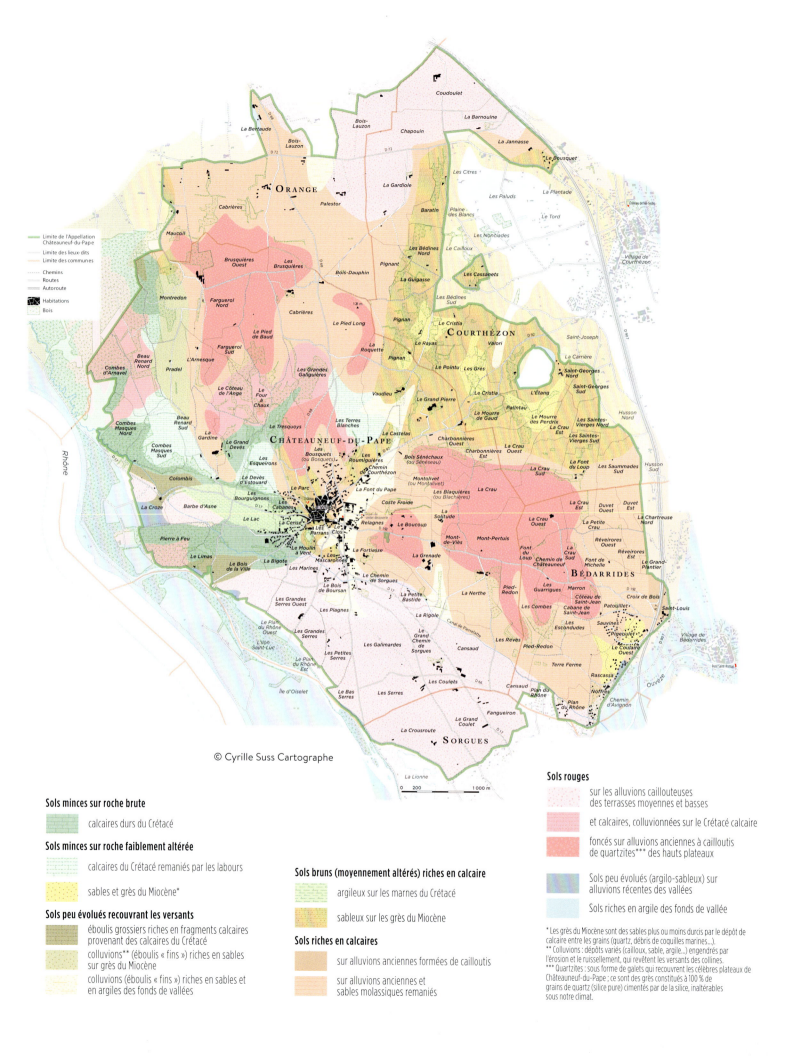

ils ont été exhumés et soumis à l'érosion. » Les sables et les grès, associés à quelques rares couches marneuses, doivent leur présence à deux ingressions marines de la fin du Tertiaire (Miocène et Pliocène) qui, partant de la Méditerranée, ont envahi la totalité du domaine rhodanien. Le Rhône était alors inexistant, ajoute l'universitaire : « *En revanche, certains de ses futurs affluents sont très actifs ; ils érodent la jeune chaîne alpine qui se met en place avec beaucoup de vigueur. C'est ainsi que la future vallée du Rhône se comble de matériaux détritiques. À Châteauneuf-du-Pape, on les trouve en abondance au nord, au centre et à l'est (Vieille Julienne, Mont-Redon, Clos du Caillou, Font du Loup, La Solitude, La Nerthe...* » La dernière mer du Tertiaire expire et nous entrons dans les temps quaternaires. Georges Truc souligne alors que le Rhône occupe de façon autoritaire l'espace laissé vacant par cette mer disparue. Bien alimenté par ses affluents alpins, il dépose une première et très vaste terrasse de cailloutis dont quelques témoignages sont conservés sur les hauteurs de Châteauneuf-du-Pape : Mont-Redon, Farguérol, Bois des Sénéchaux, La Crau...
« *C'est alors qu'une intense altération d'origine climatique se manifeste : elle va provoquer la solubilisation de tous les galets calcaires, ainsi que la destruction de tous ceux constitués de granites et de roches métamorphiques venant des Alpes ; les produits de cette altération vont se recombiner pour former des argiles rouges ; les seuls galets rescapés sont ceux formés de silice pure, les très fameux quartzites à robe de teinte fauve qui habillent les hautes terrasses de Châteauneuf-du-Pape* », résume le scientifique. Enfin, l'érosion va s'acharner à disséquer cette terrasse, puis les safres sous-jacents du Tertiaire et même les calcaires du Crétacé...
Ces différents phénomènes géologiques successifs ont sculpté une zone d'appellation qui n'est pas homogène, constituant un véritable patchwork qui fera les styles de chacun des vignerons. Un territoire compact et vaste à la fois, complexe autant que singulier, soumis aux expositions que le climat, avec son ensoleillement puissant et son mistral, finira de signer. « *C'est une appellation importante mais à taille humaine et au-delà de la vision de vignerons talentueux comme Jacques Reynaud, Henri Bonnaud, les Sabon, les Perrin ou les Avril, au-delà que les vins bien faits s'imposent à tout le Rhône sud, on a eu accès dans les années 2000 à des découpes géologiques et elles nous confirment l'absence d'unité, c'est une mosaïque – en plus des cépages – qui offre le choix de*

Doubles-pages suivantes : entre chien et loup, le village redevient paisible.

Amandiers et roquette des vignes en fleur marquent l'arrivée du printemps.

Premiers bourgeons, la vigne s'éveille.

Un « plantier », jeune vigne qui n'entrera en production qu'à sa « quatrième feuille ».

un assemblage ou une cuvée parcellaire », constate Michel Bettane. Dès le milieu des années 2000, la maison Ogier a souhaité mettre en exergue quatre terroirs emblématiques de l'appellation (différenciant grès rouges et sables) et cette gamme, au départ expérimentale, jouit d'un beau succès notamment au Canada. *« Pendant très longtemps toute la communication de l'AOC était basée sur les 13 cépages autorisés, notre maison a donc décidé de lancer cette gamme pour offrir une expérience unique avec la possibilité de comparer les quatre types de sols et de comprendre l'influence sur le vin et les cuvées ont toujours été faites avec un assemblage de 95 à 100 % de grenache provenant de vieilles vignes »*, explique le directeur d'Ogier, François Miquel. Pour les férus de littérature, toutes les digressions sont possibles – et inépuisables – où les galets roulés seront la puissance, le souffle d'un Dostoïevski, les safres joueront sur la fraîcheur et la finesse d'un Marcel Aymé, Aragon pourrait se plaire dans la minéralité des éclats calcaires, Faulkner, c'est l'intensité, la structure du grès. Les mauvaises langues diront que ce n'est que de la littérature. Ajoutons que c'est futile, subjectif mais nécessaire : ce qu'on appelle la magie du vin, le ressenti. Dans le 7e art, dégustons du grès rouge en voyageant avec David Lean et *Lawrence d'Arabie*, trinquons des safres en compagnie de *Broken Flowers* versus Jarmusch, à la poésie de *Paris, Texas* et Wim Wenders suffiront les éclats calcaires, réservons les galets roulés pour la force d'un Tarkovski,

Stalker. D'autres amateurs, convaincus que la beauté sauvera le monde, feront l'exercice avec la musique, la peinture, le porno ou je ne sais quoi. Les goûts et les couleurs, contrairement à l'adage, c'est ce qu'il y a de plus agréable à discuter. Il y a pire que de disserter sur la cuvée du Baron du Château Fortia et d'apprendre que le jeu de l'équilibre se fait sur les cépages. *«Sur nos 32 hectares d'un seul tenant, nous avons une grande partie de galets roulés, c'est donc notre identité,* explique la directrice technique, Sandra Rochel. *Après nous jouons avec les proportions de grenache, de mourvèdre et de syrah, pour proposer à nos consommateurs une régularité sur cette cuvée»*. Le voisin Elie Jeune des domaines du Grand Tinel et Saint Paul aime aussi faire visiter ses parcelles jonchées d'énormes galets roulés que l'on ne trouve de la sorte qu'à Châteauneuf-du-Pape. Au Grand Tinel, les cuvées Heres et Alexis Establet donneront chacune leur expression du grenache par une vinification différente. Heres ne verra que l'inox. Alexis Establet passera 18 mois dans des foudres…

De Beaucastel à La Solitude, les galets roulés restent le terroir emblématique de l'AOC Châteauneuf-du-Pape. C'est la puissance et la gloire de cette colline inspirée – Greene et Barrès réunis! La première image lorsque l'on évoque ce vignoble, mais à y regarder de plus près, d'autres sols s'imposent comme les safres et les sables qui rencontrent un succès toujours

plus grandissant. Porté par la famille Reynaud et son mythique Château Rayas (ils détiennent aussi Pignan), sublimé par le Clos du Caillou, ce terroir délivre des vins tendus avec un touché de tannin d'une grande élégance. La cuvée Chaupin du domaine de La Janasse en est une belle illustration. Créée en 1989 par la famille Sabon, elle ne tolère pas la médiocrité sur certains millésimes difficiles pour le grenache sur les sables. Exit 1991, 1992, 1997, 2002 et 2008. *« Sur les beaux millésimes, je trouve que le grenache est le pinot noir de la vallée du Rhône sud, c'est-à-dire le cépage qui va nous donner le plus de finesse et de complexité*, souligne Christophe Sabon qui possède également avec sa sœur le Clos Saint Antonin. *Je fais une légère distinction entre les sables et les safres, je dirais que du côté de Rayas et du Clos du caillou, nous sommes sur des safres purs, davantage fossilisés, alors que chez nous c'est du sable argileux. Dans tous les cas, j'arrive sur ce terroir à sortir des grenaches purs très équilibrés sur la salinité, avec de la nervosité en fin de bouche. Voilà comment est née cette vinification à part avec un nom dérivé du lieu-dit Chapouin car une partie de la récolte vient de là ».*

Sortie de quelques propriétés attachées à un terroir singulier, la grande majorité des vins de Châteauneuf-du-Pape est issue d'assemblages de plusieurs terroirs dans la quête d'une complexité alliant la puissance à la finesse, la tension à la rondeur. À l'image de l'historique domaine de Nalys, de l'incontournable Bois de Boursan jonglant entre les galets roulés, les calcaires, les sables et les safres ainsi que sur les argiles brunes. La famille Versino maîtrise le puzzle tout comme les heureux propriétaires des domaines Berthet-Rayne, Gigognan, des Fines-Roches et de Mont-Redon, telle une évidence. Nous sommes dans les cuvées « tradition » qui portent bien leurs noms.

La boucle n'est pas bouclée ; ce serait trop simple. Le vin, devant ses multiples diversités, ajoutées à l'enchaînement des millésimes, impose l'humilité. Car aux sols et à leurs expositions se superposent l'encépagement. Et, à Châteauneuf-du-Pape, plus qu'ailleurs, les possibilités se décuplent. Le goût des uns, l'histoire des autres ont accouché d'usages dans lesquels des cépages languedociens et roussillonnais se sont ajoutés à des cépages d'origine espagnole comme les grenaches ou le mourvèdre. Au bout du compte, l'AOC est connue pour être celle aux treize variétés pour dix-huit cépages : le grenache (noir, gris, blanc), la syrah, le mourvèdre, le cinsault, la counoise,

On attendra encore un peu pour vendanger que les grains
soient très mûrs et commencent à flétrir, concentrant sucres,
matières colorantes et tannins.

le muscardin, le vaccarèse, le terret noir, la clairette (blanche, rose), la roussanne, le bourboulenc, le picpoul (blanc, gris, noir) et le picardan. Si l'on pénètre plus encore dans chacune des variétés par les sélections massales, l'offre augmente encore : *« Sur le marché traditionnel, on peut vous proposer 5 ou 6 clones de grenache par exemple mais après sur les vieilles variétés, nous sommes sur plusieurs centaines d'individus, on en retrouve partout*, souligne Lilian Bérillon, un pépiniériste réputé de Jonquières. *En fait, on va proposer un matériel végétal en fonction du terroir du vigneron »*. Tout de go, le champ des possibles est manifeste.

Bref, une fois la vigne en place, le décret d'appellation n'imposant aucun pourcentage minimum, le choix est entièrement suspendu au vigneron – la seule exigence concerne le rendement maximal fixé à 35 hectolitres par hectare. Le baron Le Roy ayant un fort penchant pour la syrah, ce cépage restera très important dans l'encépagement et l'assemblage des vins du Château Fortia comme en témoigne Sandra Rochel : *« Dans la cuvée du Baron comme la cuvée Réserve, la part belle est faite à la syrah. Bien sûr, ça va dépendre du millésime, mais nous restons conformes à l'identité de la propriété qui peut sortir des sentiers battus de l'AOC »*. La syrah, cépage roi de la vallée du Rhône septentrionale (Hermitage, Côte-Rôtie…), est aussi l'apanage ou le plaisir d'autres vignerons de la place de Châteauneuf comme les Jeune du domaine de Saint-Paul, avec L'insolite, une 100 % syrah

Vendanges sur le plateau de la Crau au sud-est de l'appellation.

du lieu-dit Pied Redon toute en intensité, citons aussi le bouillant Jean-Marc Diffonty du Château Sixtine ou le Clos Saint-Michel (famille Mousset) dont les vieilles vignes de syrah viennent nourrir l'assemblage à hauteur de 30 %.

Le mourvèdre, plus connu à Bandol, fait un retour en force dans les assemblages de Châteauneuf-du-Pape. Au Clos des Papes comme au Château Mont-Redon, des 3 Cellier au Vieux Télégraphe, ce cheval fou en bouche a la cote. *« Ça s'accorde avec le réchauffement climatique »*, soutient Jean Abeille de Mont-Redon. *« C'est structurant, épicé, poivré, c'est le squelette du vin, le grenache fera la richesse et le volume »*, plaide Frédéric Brunier, propriétaire avec son frère du Vieux Télégraphe et de La Roquète. Ce cépage capricieux mais racé est dans l'ADN du Château de Beaucastel depuis les années 1960 et son propriétaire Jacques Perrin. Ami de Lucien Peyraud, figure du domaine Tempier à Bandol, il croit en ce cépage pour racer ses Châteauneuf. Bien lui a pris. Ses deux fils feront un assemblage en son hommage avec une très forte proportion de mourvèdre, autour de 60 %. *« C'est un cépage très tardif qui ne doit pas trop souffrir de la sécheresse,* précise François Perrin. *Le mourvèdre est un cépage réducteur, il ne capte pas l'oxygène et donne de la structure à l'assemblage. Il participe à la colonne vertébrale du vin et lui donne sa capacité de vieillissement. Il est le compagnon idéal du grenache, les qualités de l'un compensant les défauts de l'autre. »*

On trouve d'autres amoureux de ce cépage pour en faire des cuvées intégrales – ou quasi – que signent le Mas de Boislauzon, le Domaine Chante-Perdrix ou encore le Domaine Les semelles de vent. Du même acabit, mêlant curiosité et plaisir, le Château des Fines Roches s'essaye depuis 2015 avec un 100 % vaccarèse, remarquable! *Audaces fortuna juvat* (la fortune sourit aux audacieux). Car le grand défi de Châteauneuf-du-Pape est la quête de la fraîcheur qui peut s'opérer sur le contrôle de la maturité du raisin à la vendange comme sur les choix des sols et des cépages. *«Avec mon voisin Daniel Coulon on a planté sur une parcelle des cépages plus rares et avec des maturités plus tardives pour retrouver de la tension et de la fraîcheur»*, explique le vigneron Yann Mousset. Toutefois, à Châteauneuf, le grenache reste le pape avec un encépagement de plus de 70 %, qui reflète très souvent les assemblages, citons la Cuvée de l'Hospice (90 %), la Cuvée du Lion de la Tour Saint-Michel (75 %), la cuvée tradition de la Bastide Saint-Dominique (80 %), La Bernardine de M. Chapoutier (60 %), les sables de la cuvée Mourre des Perdrix du Domaine de la Charbonnière (70 %), la cuvée tradition du Château des Fines Roches (80 %)… En fonction des envies, des équilibres et des millésimes, les autres cépages viennent compléter pour donner un style, une identité à la propriété, les rouges avec les blancs. En cela, *«personne n'a raison ou tort»*, dit justement Vincent Avril du Clos des Papes. *«Nous avons un cahier des charges qui fait confiance au vigneron, c'est une liberté dans le sérieux»*, ajoute Julien Barrot, un phénomène de l'appellation qui incarne la 13e ou 14e génération de Châtaunevois. À la tête – avec sa sœur Laetitia – du Domaine de la Barroche, il est revenu au domaine en 2004 après des études d'œnologie et des vinifications à l'étranger. Cette même année, il crée une cuvée de grenache, Pure, avec des vignes situées dans le quartier Rayas. *«Il ne faut pas mentir, un certain voisin montre la voie et je voulais aussi m'amuser sur cette cuvée pour prendre le contre-pied de l'appellation où la philosophie est davantage sur l'assemblage»*, note le talentueux Julien Barrot. La tentation du grenache est certaine, nous l'avons vu avec des lots de la Janasse, de Grand Tinel, mais d'autres ont aussi fait leurs preuves avec les cuvées parcellaires Barbe Rac et Croix de Bois de Michel Chapoutier, le Puy Rolland de la Font du loup, la Cuvée Maxence du Domaine Juliette Avril ou les Vieilles vignes du Domaine de Cristia. D'ailleurs, toutes ces cuvées sont le plus souvent des vieilles vignes qui peuvent être complantées d'autres cépages.

Pendant les vendanges, coupeurs de raisins et videurs de seaux travaillent de façon coordonnée.

> **LE GRAND DÉFI DE CHÂTEAUNEUF-DU-PAPE EST LA QUÊTE DE LA FRAÎCHEUR QUI PEUT S'OPÉRER SUR LE CONTRÔLE DE LA MATURITÉ DU RAISIN À LA VENDANGE COMME SUR LES CHOIX DES CÉPAGES EN FONCTION DES SOLS DE LA PARCELLE À PLANTER.**

Ainsi, dans la réalité, ce ne sont jamais totalement des 100 % grenache. Mais dans une autre réalité, ce sont toujours quelque part des hommages à ceux qui ont planté ces vignes. Le vigneron Albin Jacumin a créé une cuvée, À Aimé, en rapport à son grand-père qui a fondé le domaine et on retrouve ainsi les 13 cépages en plants mêlés. Une grande bouteille tout comme La Crau de ma Mère des vignobles Mayard en référence à Marie-Louise qui détenait des vignes sur le célèbre lieu-dit de La Crau. Le domaine Bosquet des Papes, des vieux grenaches du quartier Les Gardioles pour l'intituler : À la gloire de mon grand-père. Ou encore L'Hommage à Odette Bernard du majestueux Château Beauchêne…

Vieilles vignes, monocépages, cuvées parcellaires, assemblages, hommages, il y a deux écoles à Châteauneuf-du-Pape, les partisans d'une seule cuvée ou ceux qui élargissent la gamme. Les Eddie Féraud, les Pierre Usseglio, les Florent Lançon varient les plaisirs, alors qu'au Clos des Papes, Pierre André ou à Mont-Redon, on joue l'unique assemblage. Tous les goûts sont dans cette nature. *« Ce qui est formidable à Châteauneuf-du-Pape, c'est que nous avons 13 cépages mais qu'on ne soit pas obligé d'avoir un minimum de tel ou tel cépage, ça donne une énorme diversité de cuvées »*, se réjouit Victor Coulon du domaine de Beaurenard. *« De fait, la typicité n'existe pas, c'est une vue de l'esprit »*, prévient Michel Bettane.

Du sol, des cépages et des Hommes. Le choix de ces derniers ou dernières repose aussi sur les amoureux – ou pas – de la vinification intégrale (vendanges entières), sur les partisans sous toutes ses formes de l'inox, du béton ou du bois. L'utilisation du foudre à Châteauneuf-du-Pape est importante, tout comme à Bandol ou plus au sud, en Italie. Ici encore, des styles se déterminent. Le vigneron Laurent Charvin – du domaine du même nom, que nous retrouverons plus tard – ne jure que par la cuve béton alors qu'un Florent Lançon de La Solitude trouve de la noblesse dans le bois : *« Historiquement, on est un des premiers domaines à avoir constitué un parc de barriques, j'aime aussi les foudres, pour moi le bois c'est comme le maquillage sur une jolie fille, il en faut un petit peu pour magnifier mais pas charger de fond de teint »*.

Sans nous en rendre compte, nous avons quitté les vignes fouettées par le mistral pour le silence religieux des chais. Des choses se passent sous les galets roulés. Comme les chais de la Maison Guigal à Ampuis ou la cathédrale enterrée de Montrose à Saint-Estèphe, la viniculture châteauneuvoise a sa vie souterraine, sa cité de l'ombre. À Beaurenard, Vaudieu, Mont-Redon, Nalys, Ogier, Beaucastel. On a poussé les murs, fendu la roche. La Gardine, La Charbonnière, La Nerthe ou au Grand Tinel avec des travaux pharaoniques pour un véritable labyrinthe.

Souche de mourvèdre, cépage méditerranéen par excellence qui apporte robustesse et aptitude au vieillissement.

De cette vie souterraine sortent de grands vins de garde. Sur ce point, Châteauneuf-du-Pape n'a plus rien à prouver. Expliquer ce phénomène reste délicat comme le reconnaît Bettane : *« On ne sait pas pourquoi mais je constate même que les grenaches de Châteauneuf se conservent mieux que les syrahs de Côte-Rôtie ou de l'Hermitage qui commencent à fatiguer à 20 ou 30 ans alors que les vins de grenaches restent frais bien au-delà. Pourtant, le grenache a moins d'acidité... C'est un mystère. Comme pour le pinot noir, le grenache a cette capacité à ne pas sécher au vieillissement s'il n'est pas trop extrait ou cuvé. »* Nous nous arrêterons dans un prochain chapitre sur les grands millésimes de l'AOC.

Les vins blancs ont également de beaux potentiels de garde. Élaborés depuis toujours dans le village, ils représentent aujourd'hui autour de 7 % de la production. C'est une niche où *« les vignerons se font plaisir »*, comme le dit le directeur de La Nerthe, Ralph Garcin. On a cité les cépages et le jeu des assemblages peut dérouter. Il n'y a pas un style de vin blanc à Châteauneuf. L'acidité du bourboulenc et de la clairette, la richesse de la roussanne, l'opulence du grenache, la finesse du picpoul, la fraîcheur du picardan ne sont que des généralités que les vignerons cautionnent ou démentent par l'approche de la vigne et de la technique. Ils se plaisent beaucoup sur les éclats calcaires du côté de La Gardine et de Mont-Redon. À La Nerthe, les parcelles seront les plus proches des points d'eau. Les cuvées starifiées de Beaucastel (roussanne,

À Châteauneuf-du-Pape, les vendanges sont obligatoirement manuelles.

grenache blanc) ou Barberini de La Solitude (roussanne, grenache, clairette) viennent de galets roulés. Le vin blanc de La Roquète (clairette, grenache blanc, roussanne) naîtra dans le sable : *« Sol sableux et pierres très coquillées, on presse la vendange entière, la fermentation alcoolique se passe à deux tiers en demi muids et un tiers en barriques avec très peu de bois neuf sous l'action de levures indigènes, élevage sur lies pendant huit mois, voilà comment nous essayons de laisser s'exprimer le terroir et d'être le moins interventionniste possible en cave »*, explique Frédéric Brunier. Les 3 Cellier, Patrice Magni ou Raymond Usseglio choisiront le monocépage roussanne. À Vaudieu, cap sur le grenache blanc. Le domaine de Saint-Siffrein vote bourboulenc et Saint-Préfert mise sur la clairette. À l'inverse, le Clos Mont-Olivet, le Clos des Papes, le Clos du Caillou ou Les Sénéchaux assembleront. Tension, puissance, minéralité, les agrumes ou les fleurs, les fruits confits ou la noix, jusqu'aux magnifiques oxydations de Barberini, chacun imprime sa marque. Terminons ce chapitre en saluant la prise de conscience des vignerons de l'AOC dont la surface conduite en viticulture biologique (bio et biodynamie) est de 25 % (contre 8 % dans le reste du vignoble français). Aussi, plus de 50 % pratiquent la confusion sexuelle, méthode de lutte bio-technique contre les parasites. Sans aucun doute aidés par l'ensoleillement et le souffle du mistral qui peut contrer l'humidité et donc le développement des maladies, il n'en reste pas moins que

le vignoble papal est une référence en la matière. *«Rien que d'évoquer le sujet me donne le sourire*, raconte Laurent Charvin dont les vins ne cessent de défrayer la chronique. *C'est un chemin de vie, je suis arrivé en bio sans m'en rendre compte, j'ai arrêté de désherber en m'adaptant, en travaillant les sols, c'était la fin des années 1990 et puis je suis allé plus loin, avec du bon sens tout naturellement, avec la certification à la clef»*, ajoute le vigneron qui prend le temps de lire Zola et Zweig ; c'est bon signe. Les précurseurs de cette viticulture viennent de Marcoux, de Beaucastel, de la Vieille Julienne, de la maison Chapoutier, du domaine de Villeneuve ou du domaine Pierre André, pour terminer en beauté. *«Nous sommes certifiés depuis 1980 mais mon père travaillait tout simplement comme cela depuis le début des années 1960, de manière tra-di-tio-nnelle»*, confie Jacqueline André. *«Je n'ai jamais utilisé un seul produit de synthèse de ma vie, je ne sais pas ce que c'est»*, s'étonne presque Catherine Armenier du domaine de Marcoux.

Dans l'élan, mentions spéciales, aussi bien pour la démarche environnementale que la qualité des vins, pour L'Or de Line, Fontavin, Lou Frejau, Manissy, Simian, Beaurenard et les 3 Cellier. Chez tous ces grands vignerons, nous ne sommes jamais très loin du sans soufre, jusqu'à le tenter intégralement à la Vieille Julienne ou – encore lui – au Clos du Caillou…

Le cahier des charges de l'appellation impose de trier les raisins, les moins beaux sont écartés et ne peuvent être vinifiés en Châteauneuf-du-Pape.

Double-page 118-119 : la vinification en tonneau ouvert permet d'élaborer quelques cuvées spéciales issues des cépages les plus rares.

Double-page 120-121 : la macération est terminée, il faut maintenant décuver et presser les marcs fermentés.

Double-page 122-123 : fin de décuvage d'une cuve en inox. Ensuite, la cuve sera nettoyée au jet. L'hygiène est primordiale pour élaborer des vins respectant le terroir et l'expression des cépages.

DIAGONALES

Avant d'être un vin, c'est une ambiance, un village ; à la française, concentré autour d'un clocher, d'un château, de sa fontaine et de sa place. C'est immuable. L'aménagement du territoire en a décidé ainsi puisque les routes ont été tracées après les cités, contrairement à certaines régions du monde où beaucoup de villes sont venues se greffer sur les voies de circulation. Chez nous, on penche vers le café, la petite patrie où l'on boit des ballons. Dans cette névralgie, l'hôtel de ville, la Poste. Le chat qui dort d'un œil, le garde-champêtre de l'autre. C'est *Uranus* ou *Quelques messieurs trop tranquilles*, *Jean de Florette* ou *Un singe en hiver*. Au choix. Ce sont les tableaux d'ADG, de Vincenot et, davantage à Châteauneuf-du-Pape, de Daudet, Giono, plus encore Pagnol et Mistral. Rien ne change ou si peu. Ce parfum et nul autre ; en terrasse. Sensations ineffables d'artères centenaires, sculptées par d'inlassables battements de cœur, que les peintres du dimanche – et pas seulement – ne cessent de photographier. Des cimetières sous les pieds, la chaleur des pavés. Ça ne s'invente, ne s'achète pas, c'est la théorie de Saint-Cirq-Lapopie ou de la Villa Carlotta. Avec tout l'argent du monde, à Dubaï ou Singapour, on ne peut reproduire Châteauneuf-du-Pape ; une ambiance ne se photocopie pas.

Bien assis dans cette Histoire près de la fontaine, en conscience aiguë de ce patrimoine, le vin est meilleur. Autour d'un verre de Piedlong 2011 – premier millésime de cette cuvée fabuleuse –, on se confie, on délivre les petites diagonales, ces petites histoires qui font la grande. On apprend d'emblée qu'on ne rigole pas avec la terre, au risque d'être pris en otage. C'était dans les années 1960, lors de travaux de barrages sur le Rhône où il fut question d'expropriation.

La fontaine du village autour de laquelle touristes et vignerons retraités se rassemblent pour commenter l'actualité.

Ni une ni deux et non content de la somme proposée, le propriétaire a séquestré le directeur de la Compagnie Nationale du Rhône. Prise d'otages dans le Vaucluse! Tollé! La une des journaux pour tenir en haleine la région! Le directeur du Crédit Agricole tente une médiation. Un compromis fut finalement trouvé sans que le directeur de la CNR ne souffre du syndrome de Stockholm. La terre des ancêtres a un prix! On peut jouer du fusil comme au Clos du Caillou dans les années 1930 alors que les contours de l'AOC se dessinaient. Cette ferme du caillou était une réserve de chasse – 17 hectares clos d'un mur – depuis les années 1890 alors qu'Elie Dussaud, maire de Courthézon, la possédait. Une quarantaine d'années plus tard, en 1936, une commission d'experts souhaite entrer dans ce clos, mais le garde-chasse avait ordre de ne laisser entrer personne. Menacés par un fusil, les experts ont fait demi-tour et l'AOC se voit saignée en son nord-est d'une enclave… demeurant en AOC Côtes-du-Rhône. En 1956, lorsque le père de Sylvie Vacheron prit possession du Clos du Caillou, il demanda logiquement une révision du tracé. *«Mais ce fut très compliqué puisque des vignerons qui se trouvaient en bordure de l'AOC voulurent en profiter pour rouvrir le dossier en leur faveur, ce fut un nid à conflits et la demande de mon grand-père fut rejetée»*, raconte Marilou Vacheron.

Sur d'autres gorgées de vin, les anecdotes peuvent être plus poétiques comme lorsque le grand-père Coulon (du Domaine de Beaurenard) taillait sa vigne sur le plateau de La Crau. C'était le

mois de janvier, le froid, les années 1940. Alors qu'il faisait un feu sur la colline avec les sarments, une vingtaine de kilomètres plus au nord à Sainte-Cécile-les-Vignes, son filleul vigneron allumait aussi un brasier pour lui dire bonjour. Le plus beau des *smileys*... À l'indienne ou comme les gardiens des différentes tours de la muraille de Chine. Ce même grand-père Coulon sera témoin d'un drôle d'événement. Lors de la débâcle des Allemands, ces derniers volèrent charrettes et chevaux pour partir. La fuite se terminera à Montélimar. Halte-là! Grâce aux plaques sur les charrettes avec les noms des propriétaires, la gendarmerie a ramené quelques bêtes. Une douzaine de chevaux sont rapatriés à Châteauneuf. Le père Coulon est convoqué et il reconnaît son cheval. Damned, un autre propriétaire du village soutient mordicus que c'est le sien.

Ci-dessus : Châteauneuf-du-Pape, entre Rhône et mont Ventoux.

Double-page 132-133 : recouvert de lierre, le mur d'enceinte du château délimite ce qui au Moyen-Âge constituait le parc pontifical.

Double-page 134-135 : à l'automne, les vignes changent de couleur pour le plus grand bonheur des impressionnistes.

À l'est du vignoble de Châteauneuf-du-Pape, les dentelles de Montmirail ouvrent la voie du massif alpin.

AVEC TOUT L'ARGENT DU MONDE, À DUBAÏ OU SINGAPOUR,
ON NE PEUT REPRODUIRE CHÂTEAUNEUF-DU-PAPE :
UNE AMBIANCE NE SE PHOTOCOPIE PAS.

Arghhh..., même croupe, même couleur! Le gendarme a proposé qu'on laisse faire le cheval. La bête a descendu l'avenue Souspiron (aujourd'hui Baron-Le-Roy), prit la route d'Avignon et rentra au domaine de Beaurenard jusqu'à son écurie... Une autre époque, expire-t-on les mains sur les hanches, où l'on prévoyait les vendanges en fonction de la météorologie le jour de la Saint-Michel. S'il pleuvait le 29 septembre, il allait pleuvoir pendant 40 jours, s'il faisait beau, un grand soleil était à prévoir... Aujourd'hui, avec le réchauffement, tout le monde a vendangé pour la Saint-Michel... Changement climatique ou pas, le Conseil municipal interdira le survol des OVNI en 1954...

N'empêche, toujours en terrasse, on se rassure avec un Domaine de Marcoux 2007 et cette impression de fraises écrasées, délicat, profond. Un vin qui donne le sourire. On se rappelle alors d'un certain forban, qui durant l'entre-deux-guerres, mettait des petits galets dans les barriques... Pour mettre moins de vin, l'animal... Manque de pot, un jour, la barrique tomba de la charrette, se cassa et les clients découvrirent le pot aux roses. L'histoire – comme le vin – fait sourire, altère aussi. Le cagnard investit la place, on dirait le Sud. Comme dans l'arène à l'heure de la corrida, l'ombre a de la valeur. La boutade aussi, c'est la partie de cartes de Pagnol. On se charrie volontiers en Provence. Un vigneron bourguignon assure que les meilleurs skieurs sont les vignerons de Châteauneuf car la vigne « se fait toute seule »... Il y a des attaques, des histoires de fraudes, des coups bas, le verbe haut... Les coups de fusil partent, avec le rictus et le goût certain de l'autodérision. À commencer sur les divisions syndicales...

« *Ici, c'est la* Jument Verte *de Marcel Aymé, des gens se détestent depuis 4 générations à tel point qu'ils ne savent plus pourquoi ils ne s'aiment pas* »... D'en rire signifie déjà que c'est du passé. D'autant qu'aujourd'hui, l'esprit collectif s'enracine ! « *Les conflits ne se sont pas transmis de génération en génération*, explique plus sérieusement le diplomate Victor Coulon. *Plutôt que de se battre les uns contre les autres, on se bat tous ensemble.* »

À propos de ces messieurs jadis, un viticulteur sort de sa poche une feuille de papier où sont recensés les surnoms et les sobriquets que se donnaient les villageois au début du XXe siècle. Armenier c'était le *Balès* parce qu'il était frêle, Louis Delor, c'était le *Blanc-bé* car il avait la réplique facile, Huguet, toujours la pipe à la bouche, était surnommé le *Cachimèu*, Léopold Bouvachon, pour sa petite taille, avait droit au *Coufet*, Émile Establet était *Chiqueto*, *Cambronne* pour Ernest Brunel, le colosse Baudile Girard se faisait appeler *Bras de Fer* et Thérèse Colombet avait droit à *Zézin de Patia* suite à une chute de son père du premier étage disant en se relevant : *sias pas tia* (je ne suis pas mort)...

Il est temps de quitter la place du village, d'enfourcher la bicyclette pour prendre le pouls de cette terre, filer entre les parcelles de vignes basses plantées en gobelet, se laisser guider par le « *dessin des ombres sur le sol ensoleillé, à la qualité joyeuse de l'air sur son visage et dans*

sa bouche », pour reprendre une autre balade, à vélo, décrite superbement par le romancier Maurice Barrès. Cette quiétude provinciale que le silence impose, parfois trahi par un chien qui gueule. En reprenant son souffle à Fortia, bien aidé de leur cuvée Réserve, celle-là même à forte dominante de syrah, on revisite une fois encore l'histoire et le tempérament des lieux. Aux murs, d'anciennes affiches placardées stigmatisant les combats passés et l'engagement syndical du baron Le Roy. Sur l'une d'elles un titre évocateur « Vigneron égoïste ! ». La suite est éloquente : « *Toi qui n'appartiens à aucune Association Viticole, tu profites, sans vergogne, des dépenses que font tes frères pour défendre la viticulture...* ». La balade se poursuit... En longeant le fleuve sur la face ouest de l'appellation, on remonte encore davantage le temps, nous assurant que nous sommes sur les traces d'Hannibal qui aurait franchi le Rhône à hauteur de Châteauneuf-du-Pape au IIIe siècle avant notre ère. Sur cette même partie de l'appellation, une pancarte du Domaine de la Célestière nous interpelle : « Dernière étape de dégustation avant 30 000 km ». On ne pourra pas dire que nous n'étions pas prévenus par ce couple franco-britannique estimant que cette distance correspond à la circonférence de la Terre. La Célestière et rien d'autre, non sans humour pour ces vignerons, déjà propriétaires du Château Dalmeran dans les Alpilles, éperdument amoureux de leur terre d'accueil châteauneuvoise qu'ils ont convertie en bio à l'orée du millésime 2009.

Car la sédimentation du sol et de l'âme de Châteauneuf-du-Pape s'opère par la venue de personnes d'horizons divers. Des migrants apportant leur pierre à l'édifice! Parmi ces points cardinaux, la péninsule italienne a beaucoup nourri le vignoble de Châteauneuf-du-Pape. *«Tout le monde est un peu italien*, s'amuse Michel Blanc, le directeur de la Fédération. *Si on remonte aux Romains, puis la papauté, enfin les vagues d'immigration de l'entre-deux-guerres et après la Libération»*. Une illustre famille au XVIe siècle a laissé son nom, les Barberini, dont un des membres fut pape à Rome (Urbain VIII). Un autre membre de la famille s'installera au XVIIe siècle à Châteauneuf-du-Pape et ses descendants sont les Lançon du Domaine de La Solitude. Les cuvées les plus prestigieuses portent le nom Barberini dont le blanc (roussanne, clairette) est une des toutes meilleures réussites de l'appellation avec un travail sur l'oxydation étonnant et détonnant.

Dès les débuts du XXe siècle, de nombreux Italiens viennent chercher du travail en France, fuyant souvent la misère et parfois le fascisme. On retrouve au Domaine du Bois de Boursan les Versino

La chapelle Saint-Théodoric et sa fresque représentant les apôtres.

dont le grand-père, Félicé, était venu du Piémont en tant que bûcheron afin de défricher pour la plantation du vignoble qui devenait une AOC. Son fils, Jean, fera ses armes dans les caves avant de louer puis d'acheter des terres. Issue également du Piémont – des cousins –, la famille Usseglio a posé ses valises dans le même village. Séraphin venait dans les années 1880 faire des saisons pour la cueillette de la lavande. Son fils, Francis, deviendra bûcheron pour venir prêter main-forte à Châteauneuf jusqu'à ce qu'il décide, avec son épouse Marie, de s'y installer définitivement en 1931. Il devient vigneron et naîtront de ses enfants deux domaines importants de l'appellation, Raymond Usseglio & Fils et Pierre Usseglio & Fils (dont la cuvée Aïeul est un hommage à Francis)...

Le vent du sud aura soufflé sur Fortia également. Une brise corse cette fois qui fit peut-être débarquer le baron Le Roy à Châteauneuf-du-Pape. La mère et la belle-mère du baron étaient de l'île de Beauté. La connexion des deux familles s'est-elle opérée par ce lien? *« La probabilité est forte »*, souligne Pierre Pastre, époux de la fille du baron et longtemps gérant du Château. Plus certain, la Première Guerre mondiale va déterminer l'engagement du baron Le Roy au sein du Château Fortia puisque le frère de son épouse va faire partie des premières victimes tombées au champ d'honneur, aux côtés de Charles Péguy, Jean Bouin et tant d'autres... Dans tous ces truchements et ces hasards de l'histoire, il est intéressant de se demander comment le beau-père du baron et son épouse corse achetèrent ce château en 1890? Hippolyte Bernard Le Saint, franc-comtois, fait d'abord carrière dans l'armée en tant qu'officier de marine sous le Second Empire. Dans les débuts de la Troisième République, il quitte l'uniforme pour monter une entreprise de distribution des eaux au Caire et devient également directeur du *Journal Officiel* français en Égypte. Il côtoie naturellement Ferdinand de Lesseps, le promoteur vedette en charge de la construction du canal de Suez, et tout le gratin d'entrepreneurs français dans les salons d'Alexandrie. Dans les années 1880, il s'installe à Marseille. Dans ces cercles de grands patrons marseillais, se trouvent notamment les frères Dussaud, originaires de Courthézon, à la tête d'une importante entreprise de construction portuaire. Elzéar Dussaud a travaillé en Égypte aux côtés de Ferdinand de Lesseps pour les installations portuaires de Suez et Port-Saïd. Parallèlement à cette carrière, l'ingénieur et saint-simonien acquiert dans sa région d'origine de Châteauneuf-du-Pape le domaine des Taillades à Bédarrides et le Château de Beaucastel à Courthézon dont il restructure tout le vignoble. Son frère Elie, à la tête de la société familiale,

va construire quant à lui le Château de Val Seille à Courthézon et acheter notamment le Clos du Caillou. Bref, il est fort probable que l'intérêt d'Hippolyte Bernard Le Saint pour la vente du Château Fortia en 1890 fut une mise en relation « marseillaise » via les frères Dussaud, notamment Elie car Elzéar décéda prématurément. L'Égypte, la cité phocéenne, Châteauneuf-du-Pape, le milieu social progressiste et l'amour du vin, cela fait beaucoup de coïncidences... Subsistent ainsi au travers de ces diagonales des chaînons manquants que des historiens de passage ressouderont, ou pas.

Ainsi, outre le baron Le Roy, le territoire de Châteauneuf-du-Pape a vu passer de grands bâtisseurs. Elie Dussaud laissera d'ailleurs derrière lui un projet dément sur le domaine du Clos du Caillou qui était son pavillon de chasse. Maire de Courthézon, il envisagea d'alimenter la commune en eau via un puits qu'il fit creuser dans sa ferme du Caillou par une entreprise américaine ; à 829 mètres, la sonde se cassa et les travaux s'arrêtèrent. Sylvie Vacheron, propriétaire du Clos du Caillou, a transformé le bassin de réception d'eau en chai pour stocker les bouteilles.

Mosaïque de sols, mais aussi de cépages, qui expriment l'automne chacun à sa manière.

Double-page 154-155 : à l'automne les *diplotaxis* couvrent les sols d'un lumineux aplat de blanc.

OUTRE LE BARON LE ROY, LE TERRITOIRE DE CHÂTEAUNEUF-DU-PAPE A VU PASSER DE GRANDS BÂTISSEURS.

À Beaucastel, une autre famille de bâtisseurs va succéder à Elzéar Dussaud. Après quelques années d'errance entre les mains de légataires ou d'acquéreurs éphémères – Elzéar ni son frère n'ayant d'enfants –, le domaine de Beaucastel est acheté en 1918 par Gabriel Tramier. Les Tramier, postés à Jonquières, commune jouxtant l'AOC Châteauneuf-du-Pape, se sont spécialisés dans le commerce de l'olive et de son huile. Montée en 1863, cette société grossit rapidement avec un développement important en Algérie et au Maroc. La famille voyage, scrute, invente et ses produits se font remarquer au Grand prix de Lyon en 1898, aux Expositions universelles de Marseille en 1896 et de Nice l'année suivante. Un site est également ouvert en Kabylie, à Maatkas. Gabriel rejoint son père et poursuit l'ascension de l'entreprise avec un entrepôt à Marseille. Quand il achète Beaucastel au lendemain de la Première Guerre mondiale, il confie à son gendre Pierre Perrin le soin de redonner à ce domaine ses lettres de noblesse. Ainsi, il relèvera Beaucastel tout en accompagnant le travail syndical avec le baron Le Roy. Nous en avons déjà parlé, son fils Jacques Perrin donnera un nouveau souffle à ce Château avec la venue du mourvèdre et une approche biologique de la viticulture dès les années 1960. *« On le traitait de fada »*, confiera son épouse Marguerite lors d'une soirée du mois de janvier 2016 alors que le mistral, dehors, envoyait la tête des cyprès toucher les galets…

Dans cette famille des bâtisseurs, citons ensuite les deux fils, Jean-Pierre et François Perrin, qui vont non seulement faire de Beaucastel une locomotive de l'appellation et par ailleurs bâtir autour une des plus importantes maisons de négoce et de production de la vallée du Rhône. L'ultime challenge fut celui de la passation avec une nouvelle génération de sept cousins et cousines aux manettes dans le souci intact d'une quête qualitative des vins.

Une autre trajectoire de bâtisseurs est venue atterrir à Châteauneuf-du-Pape avec l'acquisition du Château La Nerthe en 1985 par la famille Richard. Le destin de cette dernière bascule dans les années 1930 et mérite d'être raconté. Paris est encore perdu dans la nuit, une nuit froide et nerveuse de l'année 1934. Un certain Henri Richard saute du lit. On lui promet qu'il vient de se passer quelque chose d'épouvantable. La nouvelle est de source sûre ; Henri se frotte les yeux,

Doubles-pages suivantes : brûlage des ceps arrachés à l'automne.

Sur le plateau de Mont-Redon, la route court entre les parcelles caillouteuses dominées au loin par le mont Ventoux.

s'habille, abasourdi, incrédule. Robert Fayel vient d'être assassiné… au bal de la Marine… dans le XVe. Robert, c'est le fils d'Auguste Fayel, le fameux négociant en vins de Clichy. Henri Richard est son Fondé de pouvoirs, son homme de confiance, ce petit-cousin aveyronnais entré dans la boutique en 1918 pour en gravir tous les échelons. C'est à lui d'aller reconnaître le corps de Robert Fayel. Henri Richard arrive sur les lieux en même temps que les gazetiers du coin. C'est un drame passionnel. Un type est arrivé en voiture aux abords du bal, il a appelé Robert avant de lui tirer dessus de sang-froid. L'assassin a ensuite descendu fissa une femme – peut-être une compagne commune – qui accompagnait Robert. On sait déjà que le meurtrier n'ira ni devant un juge ni ne montera les 13 marches ; il a retourné son revolver contre lui. Fait divers classé. Auguste Fayel ne s'en remettra pas. Son fils, l'héritier, décédé. Une page aussi se ferme pour Henri Richard qui a 35 ans et pense partir vers d'autres horizons. Mais Fayel lui propose son affaire. Henri sait d'où il vient, abandonné par son père, élevé par sa mère avec ses frères, obligé de mettre le bleu dès 14 ans. C'est avec de vraies valeurs que Richard rachète en 1935 une maison de négoce (fondée en 1892) qui brasse durant l'entre-deux-guerres quelque 30 000 hectolitres de vin par an.

En raison d'un affleurement argileux, en hiver après la pluie « La Folie » se transforme en un petit étang où croassent des grenouilles tombées du ciel.

Double-page 168-169 : les Grandes Serres au sud-ouest du vignoble, au fond à gauche on aperçoit Avignon.

Double-page 170-171 : aux lieux-dits la Roquette et Pignan, non loin du célèbre château Rayas.

Il met Paris en bouteilles ! À la libération, des brasseries fleurissent dans la Capitale et Henri Richard se construit un solide réseau de jeunes gars en provenance de Lozère, du Cantal ou de l'Aveyron souhaitant gagner leur croûte. Le deal est simple : l'acheteur doit apporter un tiers de la somme, le vendeur fait crédit du deuxième tiers et le dernier tiers est prêté par la maison Richard. En échange, le brasseur vend les vins et les limonades de la maison de distribution Richard… Partant de ce schéma, la maison Richard connaît un développement fulgurant dans les années 1950, plaçant dans leur catalogue en plus du vin toutes les autres boissons (apéritifs, spiritueux, eaux, bières…) et du café. Le vin, c'est le fils André qui va poursuivre l'aventure. *« Nous nous sommes adaptés aux évolutions de la consommation, dit-il. Durant toute la période d'après-guerre, le vin était vendu au verre au comptoir, puis davantage au pichet en restauration, enfin la mode du vin mis en bouteille à la propriété s'est installée »*. En plus des sociétés de négoce de vins d'appellation (bordelais et vallée de Rhône), la maison Richard a acheté des domaines pour maîtriser la production. Les premières acquisitions sont le Château Escalette dans les Côtes-de-Bourg et le Château Gantonnet (AOC Bordeaux). Henri Richard décède en 1981 mais André, à la tête des affaires depuis une dizaine d'années,

Dans la quiétude du parc du château de La Nerthe.

agrandit considérablement le portefeuille. Le Beaujolais a le vent en poupe ; il achète le Château de Corcelles et le Château des Tours. Retour à Bordeaux avec les châteaux Victoria et Bourdieu-Vertheuil (Haut-Médoc) ainsi que le Château de Barbe, l'une des plus belles propriétés de l'appellation Côtes-de-Bourg. Le Rhône devient une valeur sûre et André Richard place ses hommes dans le massif d'Uchaux au domaine de La Renjarde. Il n'est plus tout seul ; parmi ses trois filles, l'aînée, Corinne, dirige les domaines, près 600 hectares puisque s'ajoutent en 1985 le Château La Nerthe, la grosse cylindrée de Châteauneuf-du-Pape, et au début des années 2000 le Prieuré de Montézargues à Tavel.

Châteauneuf attire les bâtisseurs ou les stimule. C'est l'histoire de Paul Martin qui fit du parcellaire à La Solitude au début du XIXe siècle, c'est la folie d'Henri Constantin avec la construction de son château féodal des Fines Roches dans les années 1880 – abritant aujourd'hui un hôtel-restaurant –, c'est l'abnégation d'Henri Plantin qui en une génération va faire de Mont-Redon une propriété de 162 hectares dont 100 de vignes, c'est le choix de la famille Coulon de mettre les 60 hectares de Beaurenard en culture biologique, l'investissement d'Ogier dans l'antre de l'étang salé pour son Clos de l'Oratoire des Papes, l'envie d'Elie Jeune de faire enterrer au Grand Tinel des chais colossaux dans le seul but de léguer à ses enfants le meilleur outil possible... *Veni, Vedi, Vici*. Ne jamais passer par hasard et laisser sa trace. Un peu de folie dans

ce monde tiède à l'image du vigneron Edmond Tacussel qui créa le Clos Saint-Jean dans les années 1900 en plantant de la vigne dans les énormes galets roulés de La Crau. Un hurluberlu aux yeux de ses contemporains! Ses descendants, Pascal et Vincent Maurel, vont assumer la folie d'Edmond. Avec de grands raisins et un peu de philosophie, les deux frères ont fait du Clos Saint-Jean une star de l'AOC à l'export. *« C'est en 2002 que nous avons tout repensé, de la vigne à l'élevage, l'année suivante, ajouté au Clos Saint-Jean, deux nouvelles cuvées sont nées, Deus-Ex-Machina et La Combe des fous en hommage à notre arrière-grand-père qui a fait un travail de titan*, explique Vincent Maurel. *De plus petits rendements, une lecture plus précise des cépages comme le vaccarèse et le mourvèdre, etc. Notre rôle est de faire le grand écart entre les racines de nos vignes et le feuillage qui représente la modernité. »* Chacun écrit son histoire avec ses hélices d'ADN qui partent en vrille, son patrimoine génétique et ses projets, « des racines et des ailes », pour plagier le fameux proverbe juif. Loin des querelles entre les anciens et les modernes, mentionnons la cuvée de l'AOC

Les grès rouges qui séparent les communes de Châteauneuf-du-Pape et de Courthézon.

Double-page 178-179 : certaines parcelles ne peuvent être labourées qu'au cheval en raison de leur étroitesse ou de leur inaccessibilité aux engins motorisés.

la plus vendue au monde (plus de 500 000 cols), cet étrange flacon de la maison de négoce Brotte, rappelant le mouvement sauvage d'un cep de vigne, inventée par Charles Brotte en 1952. Son nom, La Fiole du Pape, et son contenu dans le plus typique assemblage, ne manquent pas d'enracinement. *« Le résultat de mes propres convictions associé à l'héritage des valeurs de mes aïeux »*, résume Laurent Brotte.

En ce sens, les négociants extra-muros tracent aussi de belles diagonales. À Châteauneuf-du-Pape, c'est le moins que l'on puisse dire. Et la vallée du Rhône a la chance d'avoir un négoce puissant de qualité où le plus souvent ces commerçants sont aussi des vinificateurs et des éleveurs. Leur connaissance du produit a permis d'installer ces maisons au rang de premiers. Lovée dans la partie septentrionale, basée à Ampuis et sublimant les Côtes-Rôties – avec sa célèbre trilogie Landonne/Mouline/Turque – la maison Guigal n'est pas insensible à la profondeur des vins de Châteauneuf-du-Pape. Et ce dès 1946, année de la fondation de la maison par Étienne Guigal. Les vins de Châteauneuf-du-Pape sont au catalogue avec le millésime 1942 qui a connu trois années d'élevage. *« Rien n'a changé jusqu'à aujourd'hui, nous poursuivons cet élevage prolongé »*, précise Philippe Guigal. Le sourcing s'opère sur une quarantaine de vignerons avec une politique d'assemblage revendiquée des différents terroirs de l'AOC et une prédilection assumée pour le plateau de La Crau ou le Bois Sénéchaux. Concernant les cépages, Marcel et son fils Philippe ne vibrent pas pour les vins riches en alcool. *« Avec ce réchauffement climatique, pour que les grenaches arrivent en pleine maturation phénolique ils sont vendangés en sur-maturité physiologique et du coup, depuis 2010, nous avons tendance à diminuer le pourcentage de grenache,*

augmenter le mourvèdre, maintenir la syrah et considérer de plus en plus les cépages complémentaires, le terret noir ou la counoise et même certains blancs pour faire baisser le degré et apporter de la fraîcheur», explique Philippe. Un style classique, une seule cuvée, que du rouge, un élevage de trois ans en foudre, la quête de l'équilibre à tout prix pour une longue garde : du Guigal dans le texte. *«Je n'exclus pas un jour une cuvée parcellaire mais pas en tant que négociant, cela voudra dire que nous aurons un pied à Châteauneuf-du-Pape»*, confie-t-il. Sitôt dit, sitôt fait avec l'acquisition à la fin du mois de juillet 2017 du domaine de Nalys. Le négociant a déjà été salué de façon spectaculaire dans le *Wine Spectator* en 2002 avec le millésime de Châteauneuf-du-Pape 1999 sacré meilleur vin du monde. Une première pour l'appellation et, unique en son genre, pour la première fois un vin de négoce monte sur la plus haute marche du Top 100 du *Wine Spectator*. Dans les quinze années qui vont suivre, on trouvera toujours un Châteauneuf-du-Pape dans le Top 10. Ironie de l'histoire, ce succès a fait baisser les volumes de la maison Guigal, autour de 450 000 cols en 2000 pour 300 000 environ une dizaine d'années plus tard. *«Avant le succès de cette AOC au début des années 2000, on trouvait quatre Châteauneuf-du-Pape chez les cavistes new-yorkais, on en trouve aujourd'hui plus de dix, le marché s'est dilué et ça explique notre réduction de la voilure»*, souligne Philippe Guigal.

Avec Guigal, nous ne sommes jamais très loin de la maison de négoce Vidal Fleury, également implantée dans les Côtes-Rôties. Étienne Guigal y a fait ses armes… Ce jeune Ardéchois orphelin de père et placé dans une ferme en Haute-Loire va descendre à Ampuis pour la cueillette d'abricots. Il a 14 ans. Le reste relève du conte de fées. Il se fait embaucher par la maison Vidal

LA VALLÉE DU RHÔNE A LA CHANCE D'AVOIR UN NÉGOCE
PUISSANT DE QUALITÉ OÙ LE PLUS SOUVENT
CES COMMERÇANTS SONT AUSSI DES VINIFICATEURS ET
DES ÉLEVEURS.

et devient maître de chai. Joseph Vidal-Fleury, occupé à la création des AOC aux côtés du baron Le Roy, s'appuie sur les compétences du jeune homme. On le sait, Étienne Guigal montera sa propre maison de négoce en 1946, développera considérablement l'affaire et payera son hyperactivité d'une cécité. Avant de décéder en 1988, il achètera la maison Vidal-Fleury avec son fils Marcel : la boucle est bouclée. Et le Châteauneuf-du-Pape dans cette *success story* à la Horatio Alger ? Dès la fin des années 1920, le maître de chai Étienne Guigal élève des Châteauneuf-du-Pape. Il faisait 100 pièces de ce vin par an, un volume colossal pour l'époque qui arrivait par le rail jusqu'à Ampuis. Avant, de 1781 à 1920, la maison Vidal-Fleury ne travaillait que ses propres raisins de Côte-Rôtie et de Condrieu. Sous l'impulsion de Joseph Vidal-Fleury, la maison devient négociant-éleveur avec, dans la gamme, du Châteauneuf-du-Pape. Depuis, Vidal-Fleury ne cessera de compter dans son catalogue cette AOC, en rouge et en blanc. Sur cette dernière couleur, la sensibilité est sur la clairette – pour l'acidité – et la roussanne – pour la structure – avec seulement 20 % de grenache blanc. Pour le rouge, contrairement à la maison Guigal, Vidal-Fleury est très portée sur le grenache. *«Je maintiens une forte proportion de ce cépage, plus de 80 %, que je vais chercher sur des terroirs froids, sur la partie nord de l'AOC qui descend vers Orange, dans les quartiers de Cabrières, Palestor, avec des grenaches tardifs sur calcaire»*, précise le directeur et œnologue, Guy Sarton du Jonchay. Pour l'élevage, même musique que chez Guigal mais sur 40 000 cols. Parmi ce beau monde du négoce qui s'invite à écrire l'histoire de Châteauneuf-du-Pape, nous devons rester dans le nord de la vallée du Rhône avec deux maisons phares de Tain-l'Hermitage, Jaboulet et Chapoutier. On ne sait pas à partir de quand les domaines Paul Jaboulet Aîné, fondés en 1834, ont débuté leurs approvisionnements à Châteauneuf-du-Pape mais les millésimes exceptionnels 1966 et 1967 *«restent très recherchés»*, assure la propriétaire Caroline Frey avant d'ajouter : *«Nous continuons à élaborer sur les deux couleurs notre gamme "Les Cèdres" en partenariat avec des vignerons et nous essayons de privilégier les terroirs qui apportent un peu de fraîcheur, en cela le mourvèdre est souvent le bienvenu dans notre recherche de l'équilibre ». A contrario*, le mourvèdre n'est pas la tasse de thé de Michel Chapoutier, à la fois propriétaire – une quarantaine d'hectares – et négociant sur la place de Châteauneuf. C'est un fervent partisan du grenache aussi bien sur La Bernardine, Croix de Bois, Barbe Rac que la gamme de négoce. Historiquement, la maison Chapoutier a dès le début du XXe siècle négocié des vins de Châteauneuf-du-Pape. En lien avec les Reynaud de Rayas, les Avril du Clos des Papes, Marius Chapoutier n'oubliait pas ce village durant l'entre-deux-guerres mais c'est surtout son fils Marc, proche

des propriétaires de Vaudieu et Beaucastel, qui en était amoureux et rêvait d'y acquérir des vignes. Il en achète après le décès de son père en 1937 et Michel Chapoutier doublera la surface dans les années 1990 pour les passer en biodynamie. «*En cave, nous avons des vieux millésimes, des 1900, des 1929, le grenache est le plus élégant dans cette AOC en rapport à toutes les Côtes du Rhône méridionales, il y a une superbe diversité de terroirs et je sors mes cuvées sur tous les millésimes car je n'ai pas la prétention de faire le meilleur vin possible mais l'envie de faire la meilleure photographie possible de ma parcelle et de son climat*», insiste Michel Chapoutier dont les étiquettes sont remarquables au braille. Toujours en descendant le fleuve, au cœur de l'AOC Saint-Joseph en les murs de Saint-Jean-de-Muzols, la maison Delas Frères apprécie aussi les Châteauneuf-du-Pape. Fondée en 1835, propriété depuis 1993 du groupe Roederer (champagnes Roederer et Deutz, Château Pichon-Longueville Comtesse de Lalande...), la maison produit essentiellement du rouge sur notre AOC (cuvée Haute Pierre sur quelque 25 000 cols). «*La présence de Châteauneuf-du-Pape dans la gamme Delas doit être aussi ancienne que l'activité de négoce de cette honorable maison*, raconte son directeur technique Jacques Grange. *En effet, tout acteur négociant de la vallée du Rhône ne peut évidemment pas concevoir de ne pas proposer cette appellation mythique. Nous privilégions notre approvisionnement sur les parcelles entre les lieux-dits Rayas et La Crau, majoritairement*

du grenache, avec de la syrah ensuite et quelques pourcents des divers cépages secondaires dans une visée stylistique où je privilégie l'équilibre et le soyeux sur la concentration tannique. »
Beaucoup plus proche du village de Châteauneuf-du-Pape, tout juste excentrée à Lourmarin, la maison de négoce Tardieu-Laurent siège à quelques centaines de mètres de la tombe d'Albert Camus. Pour le vin, Michel Tardieu a monté sa structure en 1997 après une carrière de fonctionnaire. « *Je m'ennuyais et j'adorais le vin, je me suis spécialisé dans les vieilles vignes et les beaux terroirs du Rhône et de Bandol, ce fut une évidence pour moi de faire du Châteauneuf-du-Pape, la plus belle AOC du sud de la vallée du Rhône. Nous, on aime les Châteauneuf type bourguignons, on ne cherche pas la concentration qui plait aux Américains, on aime les terroirs de sable de La Crau et les vieilles vignes sur les galets roulés, pour 30 000 et 40 000 bouteilles par an* ». Le succès ne s'est pas fait attendre pour ses vins élégants et racés. Dès lors que nous entrons dans la quatrième dimension, c'est-à-dire la dégustation. Enfin.

Double-page suivante : à l'ouest, le soleil se couche sur le Rhône et les collines gardoises.

QUATRIÈME DIMENSION

QUATRIÈME DIMENSION

En arrivant par la route du Palais des Papes d'Avignon, d'une sortie de méandre sur la départementale 17, apparaît soudain une cité-colline pointant vers le ciel d'un bleu parfait son donjon édenté. De chaque côté de la route, le soleil d'avril éclaire des pieds de vignes par milliers, comme autant d'aiguilles d'acupuncture plantées dans le sol, qui portent de jeunes feuilles d'un vert soutenu. Plus haut, de tuiles et de pierres jaunies, le village fourmille d'amateurs,... d'amateurs de vin. Ce sont les Printemps de Châteauneuf-du-Pape, un événement porté depuis 2009 par l'association des Jeunes Vignerons dans l'idée d'un grand rassemblement de viticulteurs pour faire découvrir leur travail, leur style, leurs terroirs, tout ce que nous avons décrit plus haut. C'est le moment de la dégustation, la conjonction de ces géométries, l'aboutissement, la profondeur, les formes et le fond du verre. *« Une once de pratique vaut mieux qu'une tonne de théorie »*, affiche-t-on souvent dans les dojos. La formule convient plus que jamais à l'univers du vin. *« Dès le début nous souhaitions tous créer un événement qui permettrait de faire découvrir la mosaïque des vins de l'appellation, à travers nos vignerons et nos terroirs ; ainsi tous les domaines sont conviés*, explique Julien Cellier. *De plus, pour rendre l'événement plus agréable nous avons choisi une date au printemps où les vins sont plus faciles à déguster. Viennent principalement des amateurs de tous niveaux et de toute la France, mais le salon attire de plus en plus d'étrangers. »*

Cette année 2017, plusieurs raisons donnent le sourire : le soleil au beau fixe que le mistral épargne pour l'occasion, le monde qui afflue de tous les horizons et de toutes les générations,

Pages 192 à 200 : le monde souterrain de Châteauneuf est à l'image de ce qu'on a en surface : varié et multiple tant pour le plaisir des yeux que pour la diversité des vins. Dans l'ordre d'apparition : les caves du château La Nerthe ; du prieuré du Clos de l'Oratoire des Papes (Maison Ogier); du domaine de La Barroche ; du domaine Eddie Féraud & Fils.

et une dernière vendange, 2016, en tous points exceptionnelle. *«Nous n'avons jamais connu un millésime pareil, les jus sont magnifiques»*, déclare de but en blanc Vincent Maurel du Clos Saint-Jean. *«Après le millésime 2015, on ne pensait pas que l'on ferait mieux et en fait nos 2016 sont superbes, moins de volumes mais des très belles concentrations que je comparerais à 2007 avec des vins très chaleureux en bouche»*, souligne Benoît Cellier. Claire Michel, du très prisé domaine du Vieux Donjon, parle de vins solaires : *«Ce fut très chaud, très sec, cela donne des vins puissants, opulents même si nos parcelles argileuses dans le nord de l'appellation retiennent l'eau ce qui nous évite d'avoir des degrés qui s'envolent. À mon goût, le 2015 est encore plus équilibré, il a un plus fort potentiel de garde, il ressemble à 2010. Dans tous les cas, ça donne le moral d'avoir deux millésimes qui se suivent avec de belles qualités et quantités»*. Ainsi, pour célébrer les 80 ans de l'AOC, le millésime 2016 enchante les vignerons. *«Incontestablement, c'est prometteur car, avec l'été indien, ce fut une année à mourvèdre, les raisins étaient superbes, on a eu une pluie, un peu de vent, beaucoup de soleil, les paysans que nous sommes ne demandent pas mieux*, explique César Perrin du Château de Beaucastel. *Pour faire des comparaisons, je ne retrouve pas la densité de 2007 mais, me dit mon père, il y a l'équilibre d'un 1990, c'est dire le potentiel…»*.

On l'aura compris, avant 2016, 2015 est aussi inscrit dans les mémoires ; il restera dans les annales comme un des meilleurs millésimes de la décennie et plus encore. Au hasard des dégustations et pour ne citer qu'eux, les vins d'Isabel Ferrando (domaine de Saint-Préfert) ou de Nathalie Reynaud (domaine l'Abbé Dîne) attestent d'une grande année. *«C'est pour ma part un millésime gourmand, solaire où tout est concentré aussi bien en couleur qu'en mâche*, souligne la jeune vigneronne Nathalie. *Lors de la récolte, les raisins commençaient à se confire, se flétrir… donnant cette gourmandise en bouche. 2015 apporte de la structure au vin, de la complexité allant à des parfums de fraise, de cerise avec des pointes de poivre et de réglisse le tout en enveloppant la bouche de douceur et de gourmandise. C'est un millésime riche, tannique et complexe qui mérite de la patience. Pour les blancs, 2015 a apporté plus de salinité, avec des parfums de fleurs de pêche et d'amandier, tout en ayant une pointe de miel pour la gourmandise, donnant l'envie de se reverser un verre.»* 2015 donne des ailes ! Ce sera le millésime du *«premier monopole à la bourguignonne»*, un projet porté par un étonnant personnage, Samuel Montgermont. Avec le visage abîmé d'un garçon qui

2015 EST INSCRIT DANS LES MÉMOIRES ; IL RESTERA DANS LES ANNALES COMME UN DES MEILLEURS MILLÉSIMES DE LA DÉCENNIE ET PLUS ENCORE.

se couche tard, des yeux vert-de-gris, une barbe naissante, des cheveux frisés et humides, il a débarqué dans le vignoble papal pour faire bouger les lignes. C'est son genre : *« À Châteauneuf-du-Pape, on parle beaucoup de vins d'assemblage, c'est vrai, mais on peut aussi concevoir l'expression d'une parcelle comme en Bourgogne, ce que nous faisons avec le Clos Saint-Patrice, le premier monopole à Châteauneuf… ».* Au départ, Montgermont est Breton. Samuel – millésime 72 – préfère la guitare électrique aux larsens du lycée indiquant le début des cours. Cahin-caha, il a son bac sur le tard et s'épanouit dans le droit à la fac de Rennes. Objecteur de conscience, musicien écorché, il se voit bien avocat – de la veuve et de l'orphelin. *« L'organisation institutionnelle de notre société me fascine, je découvre ça en cours, le barreau m'attire et parallèlement à ça j'ai un ami médecin qui m'initie au vin, je monte un club de dégustation, et je réalise la puissance du vin dans l'ascenseur social »*, explique Samuel. C'est réglé, il change de braquet. Cap sur Aix-en-Provence pour des études de droit de la vigne et du vin, un premier job chez Michel Chapoutier dans les années 2000 suivi de 10 ans au Château de la Gardine. Samuel Montgermont ne lâchera plus Châteauneuf-du-Pape. Un premier quinquennat au commerce et à la production du domaine ; le second à créer une activité de négoce. Et ce métier le séduit : *« J'aime l'assemblage, je me compare au master blender du monde du whisky ».* En 2011, il est recruté par la famille bourguignonne Picard pour s'occuper d'une maison chateauneuvoise, Les Grandes Serres, qui vivote.

« Dégustation à l'aveugle » pour respecter l'anonymat des échantillons qui sont présentés aux journalistes.

Samuel donne un coup de pied dans la fourmilière. Il aime chiner, découvrir des lots, des vignerons, il aime signer, afficher un style. Parmi les dossiers, le tempétueux développe une gamme de vins de la vallée du Rhône méridionale avec un chai à Gigondas, un pied aussi à Cairanne en partenariat avec la cave coopérative et notamment ce fameux Clos Saint-Patrice (propriété de Guy Jullian) au cœur du village : *« Parce que ce parcellaire a quelque chose à raconter, c'est plus qu'un partenariat, sinon je ne l'aurai pas fait »*. Le reste n'est que famille, rock et un peu vélo sur les pentes du Ventoux sans jamais oublier sa Bretagne, sa côte sauvage… On tient peut-être là l'enfant caché de Patti Smith et du souverain pontife François. Qui sait ? Il y a des profils inattendus qui mettent un pied sur le village. Dans un autre registre mais tout aussi ambitieux, un certain Benoît Lombrière est de ceux-là. Premier millésime ? 2014. Nom du domaine ? Georges Lombrière, faisant référence au nom des parents de son épouse qui détenaient ce vignoble. Avec Marie, ils ont repris un peu plus de 5 hectares sur les lieux-dits du Bois de la Ville, des Grandes Serres et de Barbe d'Asne. Le couple a notamment fait appel aux incontournables agronomes Lydia et Claude Bourguignon. C'est tout dire du soin prodigué au sol et de leur certaine idée du vin… *« On s'est rôdé sur 2014, une année un peu dure, pour enchaîner sur deux millésimes extraordinaires, 2015 et 2016, c'est une chance*, explique Benoît. *Nous sommes très portés sur le grenache, on aime définir nos vins comme proches de la Bourgogne avec du soleil en plus. »* Et la dégustation du 2015 présage du meilleur !

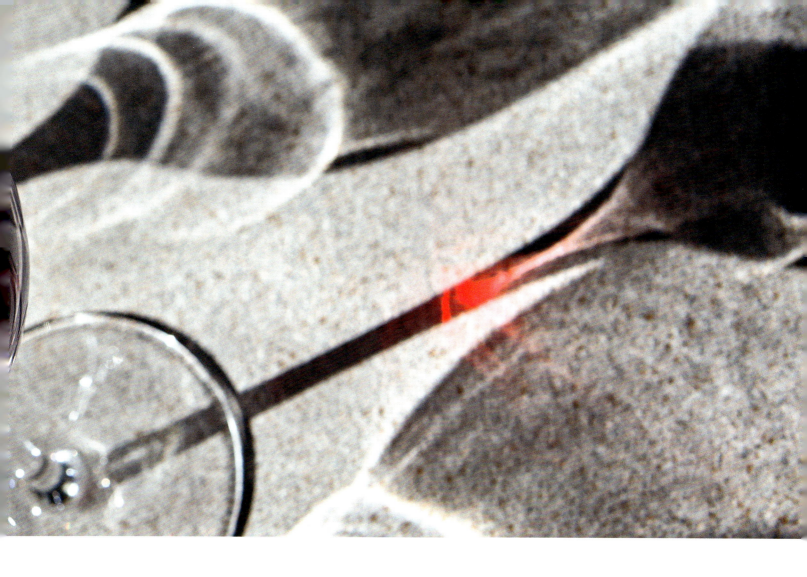

Remonter le temps, conter chaque millésime avec autant de propriétaires, d'arômes, de structure. En dégustation, il n'y a que des vérités. 2011, je voterai pour la cuvée La Croze de La Célestière, 2010 pour le Vieux Donjon…; sur 2009, parmi les belles réussites, la cuvée du domaine de La Mordorée que l'instigateur et regretté Christophe Delorme racontait: *« Avec un été particulièrement chaud et sec, l'écueil du stress hydrique a été surmonté par des choix culturaux à commencer par des vendanges vertes tardives, pour amener à parfaite maturité des raisins sains et parfaitement mûrs. À la dégustation, ce Châteauneuf-du-Pape 2009 est rond et gourmand, avec de superbes arômes de fruits rouges et noirs. L'équilibre et la fraîcheur sont étonnants sur ce millésime solaire et laissent augurer d'une capacité de vieillissement rare »*. Dans la foulée, le Château Sixtine ou encore Beaucastel sur le difficile millésime 2008 méritent aussi d'être cités, 2007 chez Beaurenard, la cuvée Lucile Avril en 2006, etc., comme pour rappeler que les vins de Châteauneuf-du-Pape sont des grands vins de garde. Nous l'avons dit jusque-là sans l'expliquer, cette étonnante capacité au vieillissement a fait sa réputation. Il n'y a pas de grande appellation sans de grands vins de garde. Ce voyage dans le temps, ces vins qui se patinent, nous plongent dans les arômes de sous-bois, nous précipitent dans les notes truffées, qui pour beaucoup « pinotent » en référence au cépage si noble de la Bourgogne. On loue ce potentiel de garde dans les archives dès le XIXe siècle et sans doute plus avant de manière empirique. Durant la Monarchie de Juillet, le domaine de La Solitude vend du vin vieux.

Reste à découvrir le secret de cette bonification ? Plus haut, Michel Bettane reconnaissait que ça reste un mystère. *« Je le constate et je ne l'explique pas »*, disait-il. Car le grenache n'a pas l'acidité d'une syrah, d'un cabernet ou d'un pinot noir d'autant plus qu'avec le réchauffement climatique l'acidité sur les grenaches de Châteauneuf tend à baisser encore davantage. Alors, la raison est peut-être ailleurs ? *« D'abord, j'avoue que je n'ai pas d'explication, seulement des hypothèses,* explique Didier Robert, un œnologue spécialiste de la vallée du Rhône. *On peut constater que le potentiel de garde ne tient pas qu'à l'acidité du vin. Deux autres facteurs interviennent. Primo, la concentration tannique, la structure avec des faibles rendements car les polyphénols ont des propriétés anti-oxydantes. Et le grenache est riche en polyphénols. Secundo, les polysaccharides, c'est-à-dire la sucrosité naturelle des grenaches, viennent stabiliser le système des polyphénols. Il y a donc une synergie. »* Ainsi, les petits rendements sur les grands terroirs de Châteauneuf seraient un élément d'explication.

Les Printemps de Châteauneuf-du-Pape sont aussi l'occasion de faire des dégustations comparatives en débattant sur des questions de vendange entière, de types de sols, de cuvaisons longues, de modes d'élevages ou d'assemblages. Le menu est constitué de dégustations horizontales, c'est-à-dire des vins de différentes propriétés sur un seul millésime. La finalité est de discuter – en présence de Didier Robert, du sommelier Kelly Mac Auliffe et de vignerons – de la fraîcheur, de l'explosion des tannins, du côté solaire, de la matière, du toucher, des arômes mentholés, de fruits rouges, noirs, de l'attaque et de la finale... Sur un millésime qui plus est exceptionnel, 2007, avec au banc d'essai La Nerthe, Le Vieux Donjon, Pégau, Beaurenard, La Charbonnière, Clos du Caillou, Beaucastel, Jas de Bressy, Grand Tinel, Pierre Usseglio & Fils, Vaudieu et la cuvée du Papet du Clos Mont-Olivet...

Terminer par le Clos Mont Olivet, comme une évidence de finir en beauté, tellement ce domaine et sa famille incarnent le supplément d'âme de Châteauneuf-du-Pape. On déguste son histoire autant que ses vins. C'est à une table légendaire de ce village, La Mère Germaine, dans cette institution, que la famille Sabon aime déboucher de précieux autant que vieux millésimes. Le Clos Mont-Olivet conserve toutes les plus grandes années du XXe siècle à Châteauneuf, 1945, 1949, 1955, 1957, 1961, 1966 et 1967, 1976, 1978, 1980, 1986 ou 1989, 1990, etc. Ce trésor a été

Ci-contre : dans les caves du château Beauchêne de la famille Bernard.

Double-page précédente : espace dégustation au domaine du Banneret.

constitué au fil du temps dans l'idée première de constituer des stocks pour faire face à d'hypothétiques crises. Bien leur en a pris. *« C'est aussi une façon de proposer des vins prêts à boire dans un monde où il faut aller toujours plus vite, vite boire pour vite racheter… J'ai l'impression que des domaines ont sacrifié leurs vins sur l'autel du commerce. Nos vins ont besoin de temps, au minimum 5 à 6 ans, pour apprivoiser leurs tannins, pour les patiner, pour développer une palette aromatique plus complexe et plus large »*, souligne justement Céline Sabon, la gardienne du Temple qui continue d'écrire la belle histoire de ce domaine avec son cousin Thierry et son frère David. Ces trois vignerons sont les arrière-petits-enfants de Séraphin Sabon qui est venu dans les années 1930 épouser une Châteauneuvoise et créer le Clos Mont-Olivet. L'aîné Joseph prendra la suite avec l'exigence en héritage comme en témoigne Céline : *« Je suis fière des traces indélébiles laissées dans le cœur de ses clients par mon grand-père Joseph, le passionné qui sacrifiait souvent ses repas de famille pour les servir lorsqu'ils sonnaient à la porte durant nos repas dominicaux. Il savait transmettre sa passion et faire découvrir au fil d'anecdotes, souvent pagnolesques ses vins magiques dont il avait le secret »*. Avec la même rigueur et un goût certain pour l'altruisme, les trois fils de Joseph – Jean-Claude, Pierre et Bernard – poursuivront l'œuvre en élaborant des vins justes et précis, des vins généreux. Alors, chaque millésime, chaque dégustation est un clin d'œil aux aïeuls de ce domaine. *« J'ai l'impression qu'ils me regardent… »*, confie Céline dans un coin de la Mère Germaine, face à de magnifiques magnums, face à son histoire. Il y a toujours un peu de poésie et d'affect dans les flacons du Clos Mont-Olivet. C'est aussi et beaucoup pour cela que l'on aime le vin.

Nous parlions du restaurant sur la place de la fontaine à Châteauneuf-du-Pape, La Mère Germaine, mais la verticale aurait pu se faire à la Table de Sorgues ou à la Sommellerie pour rester en les murs de l'AOC entre passionnés. Il est certain que les chefs cuisiniers ne sont pas insensibles à ces vins de gastronomie, rouges comme blancs. Anne-Sophie Picq ou Jean-François Piège, Michel Bras ou les Troisgros, Jean-André Charial aux Baux-de-Provence, Édouard Loubet à Capelongue, autant d'étoiles, chacun, dans son style, son humeur, porte une attention particulière à l'appellation phare des Côtes-du-Rhône méridionales. Dans les restaurants du monde entier de Ducasse, Châteauneuf-du-Pape se carafe. *« J'ai une passion absolue pour le grenache du Rhône sud*, confie Gérard Margeon, le chef sommelier du groupe. *Il est aux antipodes des modes et des styles. Il a son identité naturelle, son caractère, c'est lui qui décide, on ne peut pas le noircir ou le boiser. J'apprécie tout particulièrement le Mas Saint-Louis, le domaine de Pignan, le domaine du Banneret et le nouveau Clos Saint-Patrice où je participe à l'assemblage. »*

Aux portes de Châteauneuf-du-Pape, au pied de la Cité des Papes, la proximité des chefs leur donne une sensibilité particulière. Le chef étoilé Guilhem Sevin qui a repris la Maison Christian Étienne a décidé de renforcer plus encore la carte des Châteauneuf-du-Pape. Présent aux Printemps, aimant visiter les domaines pour découvrir de vieux millésimes, il fait ses achats de cette façon :

« Ça m'ouvre les yeux sur la diversité de cette appellation avec une concentration de vignerons qui jouent avec les terroirs de multiples façons afin de nous offrir des vins avec de vraies identités. Et je privilégie le contact humain à long terme ». Parmi ses dernières découvertes, Guilhem Sevin mentionne le domaine des Chanssaud, le blanc 2015 d'abord pour sa fraîcheur et son côté floral, le rouge 2013 enfin, *« juste énormissime, très équilibré, des tanins fondus, beaucoup d'élégance et le 2015 a un très grand potentiel mais patience, il lui faut du temps, les bouteilles sont réservées… »*. Par ailleurs, le chef avignonnais affectionne particulièrement le vigneron Christophe Sabon du domaine de La Janasse, *« coup de cœur historique »* : *« Il n'a rien inventé, il travaille à la bourguignonne, mais il y a un mais, pour moi il est le cuisinier du vin, il connaît ses classiques tout en faisant des essais intelligents, il respecte sa vigne, connaît ses terroirs, il remet tout en question, il ose, il est malin et généreux »*. Après, comme beaucoup de grands chefs, il y a l'incontournable Emmanuel Reynaud du Château Rayas : *« Là, il faut du respect et de la connaissance pour dompter la philosophie du personnage. Nous lui consacrons un paragraphe spécial, non pas pour la rareté, mais pour la manière dont Monsieur Reynaud veut que l'on serve ses vins »*. Pour finir de nous faire saliver, Guilhem Sevin imagine les meilleurs Châteauneuf-du-Pape sur des caillettes de porc laquées au vrai jus tandoori accompagnées d'asperges vertes du Clos Méjean.

À quelques pas, sur un autre piano, c'est un lièvre à la royale. L'artiste s'appelle Florent Piétravaille ; il officie à La Mirande, véritable bijou architectural d'Avignon, un hôtel particulier, un monument de raffinement qui était destiné à recevoir les notables étrangers alors que la papauté demeurait en la cité. Le chef Piétravaille se souvient parfaitement de sa première rencontre avec les vignobles de Châteauneuf-du-Pape : *« C'est une fin d'après-midi de juin, je viens d'être diplômé et je décroche mon premier travail à Roaix chez un étoilé. Je ne connais en rien les vins de la vallée du Rhône, moi qui viens du Languedoc, mais force est de constater que les vignes ne sont pas qu'un élément dans le paysage mais bien la partie centrale. Je prends alors ma première place en tant que commis et les propriétaires ont une cave fabuleuse qui fait la part belle aux vins de la vallée du Rhône et notamment ceux de Châteauneuf-du-Pape. C'est dans ce restaurant que je fais mes armes en tant que cuisinier mais aussi à mon grand étonnement en tant qu'amateur des vins de ce village. Je consacre mes premiers salaires à l'acquisition de jolies bouteilles, et c'est le début de mon histoire avec les vins de Châteauneuf-du-Pape »*. Une histoire d'amour qui se poursuit durant sa carrière chez Robuchon et Gagnaire qui possèdent des caves riches en Châteauneuf. Après quelques années, Florent referme la parenthèse parisienne pour revenir dans la région. *« J'ai voulu faire ma cuisine, j'ai voulu partager mes goûts et ma technique tout près des vignobles et domaines de Châteauneuf-du-Pape, j'ai pris place dans les fourneaux du restaurant de La Mirande qui possède une des plus belles caves de la région*, confie-t-il. *J'y crée et adapte des recettes qui puisent dans le terroir de la cité des Papes »*. Et son lièvre à la royale, décliné en trois façons, il aime le marier à la Cuvée des Cadettes du Château La Nerthe.

> LES MEILLEURS GRENACHES DU MONDE SONT SUR
> LES TERROIRS DE CHÂTEAUNEUF. ON NE RETROUVE
> PAS AILLEURS LA VINOSITÉ, LE CÔTÉ CRÉMEUX,
> LE VELOUTÉ QUI FONT CET ÉQUILIBRE.

De l'autre côté du village, au nord de l'AOC, faut-il présenter Guy Jullien, le spécialiste de la truffe ? Son restaurant La Beaugravière est situé à Mondragon. Lorsqu'il s'installe en 1975, ses deux premières occupations sont d'aller chercher de la truffe et de se rendre chez Rayas. Depuis, beaucoup de Châteauneuf ont coulé sous les ponts et Guy Jullien n'en démord pas : *« Les meilleurs grenaches du monde sont sur les terroirs de Châteauneuf. On ne retrouve pas ailleurs la vinosité, le côté crémeux, le velouté qui font cet équilibre »*. Partisan des vinifications en vendanges entières, garantes à ses yeux de la fraîcheur, Guy Jullien travaille depuis des années sur les meilleures harmonies possibles. Parmi ses escapades, en goûtant avec François Perrin un Beaucastel 1962, le chef a pensé à du bœuf avec une réduction truffée de Châteauneuf : *« Comme un ragoût de truffe que je mets sur un pavé de bœuf, l'accord est formidable… Je pourrais parler aussi des vins d'Henri Bonneau, ce côté laurier, épicé, avec de la griotte, légèrement kirsché »*. Et surprise, Guy Jullien réalise majoritairement ses accords mets, truffes et vins avec des Châteauneuf-du-Pape blancs, à commencer par ceux du Clos des Papes, Beaucastel, Mont-Redon, La Charbonnière et le Clos Mont-Olivet. *« Les grands terroirs en France sont capables de faire des grands vins rouges et des grands vins blancs, on a ça à Chassagne-Montrachet par exemple »*, souligne le chef qui emporterait sur une île déserte une bouteille de blanc liquoreux – c'était interdit – de chez Rayas 1945 ou 1955…

De facto, les plus grands ambassadeurs restent encore les chefs et leurs sommeliers, qui plus est lorsqu'ils tutoient les sommets. Philippe Faure-Brac, meilleur sommelier du monde, a un lien particulier avec ce vignoble, un « repère » dit-il. Dans l'histoire du vin comme dans son histoire personnelle puisque sa mère a vécu très longtemps dans la vallée de la Drôme provençale et les premiers vins venus se loger dans la cave furent des Châteauneuf-du-Pape. L'enfant Faure-Brac découvre. Quelques années plus tard, au lycée hôtelier de Nice, le premier voyage initiatique se fera sur cette colline. *« Je me souviens d'un périple avec mon camarade de lycée Hervé Bizeul, aujourd'hui propriétaire du Clos des Fées dans le Roussillon, nous nous étions offert un repas chez Guy Jullien*, raconte le sommelier. *Nous étions au mois de janvier 1982. Autour d'une pièce de bœuf aux truffes et un Rayas 1961. Nous voyant attentifs à ce vin autant qu'à nos assiettes, le chef a quitté sa cuisine pour venir nous voir, il nous a fait visiter sa cave. Plus fort encore, il va nous permettre de visiter Rayas, ce domaine emblématique avec son propriétaire Reynaud. On a pu acheter quelques bouteilles que j'ai conservées très longtemps. »*

Double-page suivante : concentré, le journaliste Marc Médevielle essaye
de percer les secrets d'un assemblage de différents cépages…

Cette appellation planera au-dessus de la tête de Philippe Faure-Brac comme un totem. Lors de la finale du concours du meilleur sommelier du monde à Rio, en 1992, il choisit un Châteauneuf-du-Pape blanc – des vieilles vignes de roussanne de Beaucastel – pour accompagner un saint-pierre rôti au laurier et au thym car ce vin rare aux parfums de garrigues avait en sus la symbolique des clés de saint Pierre. Philippe Faure-Brac sera sacré. *« J'ai beaucoup de souvenirs, d'émotions autour des vins de cette appellation*, ajoute-t-il. *Je me rappelle lorsque Paul Avril a pris la tête de l'INAO en 2000, il est venu célébrer ça dans mon établissement, au Bistrot du Sommelier, et je lui ai offert un Clos des Papes 1945 que j'avais dans ma cave. Paul avait les larmes aux yeux, ce fut un lot de 250 bouteilles tirées par son père pour célébrer la victoire. C'est en achetant une cave d'un restaurateur que j'ai eu cette bouteille mythique. »* Le lien est tellement étroit que Philippe Faure-Brac s'est associé avec le vigneron Bernard Duseigneur. Cultivé en biodynamie, le domaine délivre trois vins. Un blanc sur la fraîcheur et la tension, un mono-cépage de clairette. Et deux rouges, la cuvée Catarina qui est un assemblage classique (85 % grenache, 10 % syrah, 5 % mourvèdre) et une cuvée de très vieilles vignes de grenache, Joanna. Si Châteauneuf-du-Pape a résonné à Rio pour Philippe Faure-Brac, c'est à Santiago qu'un autre meilleur sommelier du monde décrochera son titre en 2010, Gérard Basset. Par ailleurs, c'est dans les environs de Londres qu'il donne de l'écho à cette appellation où il dirige un hôtel-restaurant, le TerraVina. *« Châteauneuf-du-Pape est un nom très connu en Angleterre et ce depuis longtemps.*

Sur la Crau, Céline Sabon du Clos Mont-Olivet partage un moment de convivialité avec des jeunes vignerons.

Dans beaucoup de restaurants avec une belle carte des vins, il serait très rare de ne pas trouver au moins deux ou trois références et même aussi souvent un blanc. Ce qui n'est pas rien quand on sait que sur le marché anglais les vins du monde entier sont très populaires.» Dans ces périples formateurs, Gérard Basset restera marqué par un pique-nique au Château de La Nerthe avec son épouse et des amis. Il ne se souvient pas de l'année mais de la belle journée d'octobre, des mets, des vins, *«des moments comme ceux-ci où l'on a envie que le temps s'arrête.»* Très en phase avec le style des vins de La Janasse, du Vieux Donjon et de La Célestière, Gérard Basset recherche le soyeux et les parfums. À partir de là, le sommelier travaille: *«J'aime bien le Châteauneuf-du-Pape rouge avec un carré d'agneau rôti servi avec une belle salade de tomates et de concombres avec des pignons de pins grillés et des feuilles de basilic. Je servirai un blanc sur un loup cuit en croûte de sel servi avec un gratin de fenouil légèrement crémé. Après, cela dépend de beaucoup de facteurs comme la période de l'année ou les goûts personnels de chacun...»* On se laisserait bien guider.

Ainsi, il y a le monde de Châteauneuf et Châteauneuf dans le monde, les vignerons qui s'abîment le dos au pied du donjon et les bouteilles qui rayonnent aux quatre coins du globe. Nous avons parlé des vins sacrés meilleurs du monde par le *Wine Spectator*, le Guigal 1999 et le Clos des Papes 2005. Beaucastel décrocha ce graal en 1991. Ces médailles participent un peu plus au rayonnement international des vins de Châteauneuf-du-Pape. *«Cette appellation est connue du*

monde entier, explique Christophe Tassan, un influent sommelier français basé à San-Francisco. *Non pas pour avoir été avec le baron Le Roy à l'origine du système des appellations... Mais par la qualité des vins tout en étant une des appellations les plus étendues en France. La bonne inspiration de son nom qui l'associe avec une idée de tradition et de culture, la combinaison du cépage grenache donnant un résultat unique à cet endroit et son positionnement au sein de la production mondiale en font un vin unique et superbe. Le vin est reconnu comme tel outre-Atlantique. Les dégustateurs se rappellent facilement du nom et sont séduits par ce caractère du grenache soyeux et séducteur. C'est devenu un style. Qui plus est c'est assez magique pour accommoder la cuisine raffinée d'aujourd'hui. Avec bien entendu ce superbe potentiel de vieillissement »,* ajoute le sommelier qui compare notamment les vins d'Henri Bonneau au style de peinture inimitable d'Alvarez et ceux du Clos des Papes à Modigliani...

À l'évidence, ces vins habitent les plus belles caves des plus grands collectionneurs. Dans le mythique antre vendéen de Michel-Jack Chasseuil, on peut trouver un Roger Sabon 1921, du 1942 du domaine Henri Bonneau, Rayas 59 et 78, du Vieux Télégraphe 76, la Cuvée du Papet du Clos Mont-Olivet 1990, des millésimes plus récents de Beaucastel, Marcoux, La Mordorée, La Janasse ou La Vieille Julienne. Les connaisseurs ne se trompent pas. Chez un collectionneur allemand, on découvre un Sicard 1923, Paul Étienne 1929, Thorins 49, Mont-Redon 57, Fortia 64 ou les Cailloux 78... Autant de raretés que s'arrachent les amateurs à commencer par le spécialiste des vins vieux, François Audouze. Le format de ce livre interdit de rappeler toutes ces dégustations mais quelques-unes doivent être citées comme le Domaine de Beaurenard 1880 : *« Il était d'une couleur claire, transparente, d'un rose presque prune rouge. Le nez est difficile. La bouche est agréable à l'attaque, et le final est un peu affaibli. C'est un vin de témoignage, émouvant, qui sent la gentiane et l'écorce d'orange, mais il lui manque un peu de corps pour être complet. Il manque un peu de vivacité. Mais il s'améliore dans le verre au long de sa dégustation et devient plus plaisant. Il nous gratifie même de signes de sa grandeur ».* Plus après un Charton 1928 : *« Ce fut dans un de mes dîners de wine-dinners, ce vin est apparu après un Cahors de 1893. C'est une bombe de saveurs. Doté d'une matière énorme ce vin parade de bonheur. Il est joyeux en bouche, au message très simple mais porteur de plaisir. C'est vraiment un vin gouleyant, plein en bouche. »* Nous pourrions continuer sur Rayas 29, Clos des Papes 37, Fortia 43, La Bernardine Chapoutier 45... Étourdissant ; les bouteilles sont faites pour être bues.

Ainsi, ces vieux millésimes participent à la légende de ce vignoble à laquelle s'ajoutent les vignerons qui quittent leur terre une partie de l'année pour parler de leur travail, faire l'article aux quatre coins du globe. Une étape désormais obligatoire que Gérard Jacumin, le bouillant propriétaire de L'Or de Line, affectionne particulièrement : « *Le travail de représentation offre souvent de belles surprises. Un jour, dans la vieille ville de Prague, mon importateur m'emmène dans un restaurant chic car nos vins étaient vendus dans cet établissement. Le sol du restaurant est fait de carreaux de verre qui recouvrent des morceaux de sols des principaux terroirs viticoles. Et, à ma grande joie, un des premiers présentés est celui de notre appellation, avec tous ses galets roulés* », raconte le fervent défenseur de la viticulture biologique, à la tête d'une ferme expérimentale. D'autres vignerons tentent même le pari de planter les cépages de Châteauneuf-du-Pape à l'autre bout de la planète. François et Jean-Pierre Perrin investissent en 1987 dans un terrain vague dans la Central Coast, entre San-Francisco et Los Angeles : Tablas Creek. Jean-Pierre en rêvait. Ils s'associent avec Bob Haas, qui fut le grand ami de Jacques Perrin, et son bras droit Charlie Falk. Le projet se fait sur 40 hectares, une colline calcaire haute de 400 mètres, un terroir très rare aux États-Unis. À l'époque, il y avait trois ou quatre vignerons dans ces environs de Paso Robles…

Dans ce far west, les investisseurs embauchent un ancien curé illuminé pour s'occuper d'une pépinière destinée à reproduire les plants de Beaucastel qui doivent passer par une université newyorkaise pour des raisons légales. Bref, syrah, grenache, mourvèdre. Du coup, ils deviennent pépiniéristes et ajoutent les autres cépages châteauneuvois. Chaque mois, soit Jean-Pierre, soit le cadet se rend à Paso Robles. Ils vendent des pieds et constituent leur vignoble. Il faudra attendre quelques années pour voir sortir du vin mais aujourd'hui, Tablas Creek compte 80 hectares, 350 000 quilles par an, une winery avec une tasting room, entourée de 250 wyneries ! Le style Châteauneuf est partout. La famille Brunier du Vieux Télégraphe a misé sur la plaine de la Bekaa au Liban avec le Château Massaya ; c'est au Maroc avec le domaine du Val d'Argan, à Essarouia, que la famille Melia du Château de la Font du Loup a posé ses outils…

Toutes ces trajectoires singulières traversent le village où différentes personnalités achèvent de parfaire la réputation. Dans des registres différents, Bertrand Tavernier et Feu Chatertone, comme Pink apprécient particulièrement les vins de cette colline, ainsi que l'architecte – auteur du Mucem, Rudy Ricciotti à qui nous avons confié l'écriture de la préface.

En rouvrant les yeux, c'est encore cette fontaine au centre du village qui apparaît en cette chaude soirée d'avril. Une fraise de Carpentras entre les dents, des enfants s'arrosent, des accents étrangers résonnent sur la place. Le monde est apaisé et groggy. Loin de tous les recoins de France et du globe où sommeillent les grands vins de Châteauneuf-du-Pape, dans la cité méridionale, les Printemps ne s'achèvent pas tout fait ; si le soleil se couche derrière le donjon, la musique se lève. Ce sont des choses qui arrivent ; souvent, dans le Sud.

ADHÉRENTS À LA FÉDÉRATION DES SYNDICATS DE PRODUCTEURS DE L'APPELLATION CHÂTEAUNEUF-DU-PAPE

COMMUNES DE L'APPELLATION

CHÂTEAUNEUF-DU-PAPE

DOMAINE ALBIN JACUMIN / LES AMANDIERS / DOMAINE DE BEAURENARD / AMOUROUX CHRISTIANE / DOMAINE JULIETTE AVRIL / DOMAINE DU BANNERET / BARROT - BRUS / BARROT JULIEN ET LAETITIA / BOISSON JEAN-PIERRE / BONNEAU HENRI ET FILS / BOSQUET DES PAPES / BOUCHE-BLEY FLORENCE / BOUTIN GILBERT / LAURENT CHARLES BROTTE / VIGNOBLES BRUNEL / CHÂTEAU CABRIÈRES / LE GRAPILLON / LA CÉLESTIÈRE / CHANTE PERDRIX / LA CHAPELLE / M. CHAPOUTIER / DOMAINE DE LA CHARBONNIÈRE / DOMAINE LA CLEF DE SAINT-THOMAS / LES CLEFS D'OR / CLOS SAINT-ANDRE / CLOS SAINT-JEAN / DOMAINE COMTE DE LAUZE / DOMAINE CONDORCET / LA CONSONNIÈRE / LA CÔTE DE L'ANGE / COURTIL THIBAUT / DE COURTEN CHRISTOPHE / DE COURTEN WILLIAM / CUVÉE DU CHÊNE VERT / DEXHEIMER FRANÇOIS / DEXHEIMER JEANNE / DIFFONTY COLETTE / DOMAINE DURIEU / DUSEIGNEUR FRERES / ESTEOULLE CHRISTINE / VIGNOBLES FABRE / CHÂTEAU FARGUEIROL / FÉRAUD EDDIE / FERME CHABRAN / DOMAINE ISABEL FERRANDO / CHÂTEAU DES FINES ROCHES ET CHÂTEAU JAS DE BRESSY / CHÂTEAU FORTIA / FRIEDMANN / DOMAINE DU GALET DES PAPES / CHÂTEAU DE LA GARDINE / GENIEST MONIQUE / DOMAINE GEORGES LOMBRIÈRE / GIACONDA / GIRARD JACQUES / DOMAINE GIRAUD / DOMAINE LES GRANDES SERRES / DOMAINE DU GRAND TINEL / DOMAINE DU HAUT DES TERRESBLANCHES / HILLAIRE OLIVIER / LAGET CHRISTINE / DOMAINE LAGET ROYER / DOMAINES PIERRE LANÇON / DOMAINE DE LA RONCIÈRE / DOMAINE MAGNI PATRICE / DOMAINE DE MARCOUX / DOMAINE ANDRÉ MATHIEU / MATHIEU JÉROME / CHÂTEAU MAUCOIL / MELCHOR MICHEL / VIGNOBLES MAYARD / MESTRE JACQUES ET CHRISTOPHE / CLOS DU MONT-OLIVET / DOMAINE MOULIN TACUSSEL / MOURIESSE SERGE / MOUSSET CYRIL ET JACQUES / MOUSSET YANN ET LAURE / DOMAINE DE NALYS / CHÂTEAU LA NERTHE / NOIROT CATHERINE / DOMAINE L'OR DE LINE / DE L'ORATOIRE / DOMAINE DU PEGAU / DOMAINE DU PÈRE PAPITÉ / DOMAINE DES PÈRES DE L'ÉGLISE / DOMAINE DE PIGNAN / DOMAINE DE LA PINÈDE / RABIER MIREILLE / RÉSERVE DES CARDINAUX / LA ROQUÈTE / ROYER JEAN-MARIE / RUSCELLI VÉRONIQUE / DOMAINE ROGER SABON / DOMAINE DE SAINT PAUL / DOMAINE SAINT-PRÉFERT / DOMAINE DES SÉNÉCHAUX / LE SERRE DES MOURRES - SABON DE ROCHEVILLE / DOMAINE SERGUIER / CHÂTEAU SIXTINE / DOMAINE LA SOUCO PAPALE / LA SOUSTO / CLOS DES TERRES BLANCHES / DOMAINE DES 3 CELLIER / DOMAINE PIERRE USSEGLIO ET FILS / LE VIEUX DONJON / VIGNOBLES DE VAUDIEU / VERSINO JEAN ET JEAN-PAUL

COURTHÉZON

DOMAINE DE L'ALLIANCE / DOMAINE PIERRE ANDRÉ / AUTARD JEAN-PAUL / BASTIDE SAINT DOMINIQUE / DOMAINE BERTHET-RAYNE / CELLIER DES PRINCES / DOMAINE DE FONTAVIN / LE CLOS / COSTE RIEU / DOMAINE DE CRISTIA / CUVEE DES HOSPICES / FAVIER ROGER / FONT DE JOUBERT / CHÂTEAU DE LA FONT DU LOUP / DOMAINE GALÉVAN / JAMET ET FILS / DOMAINE DE LA JANASSE / LE JAS DES PAPES / DOMAINE L'ABBÉ DÎNE / LAMBERT ET FILS / MARQUIS NICOLAS / MARQUIS RAVARDEL / DOMAINE JULIEN MASQUIN / MERCIER PAUL / CHÂTEAU DU MOURRE DU TENDRE / MOUSSET MURIELLE / DOMAINE DE PANISSE / VIGNOBLES PERRIN / POUIZIN VACHERON / RAYMOND / RAYMOND ÉMILE / CLOS SAINT ANTONIN / SINARD R-H ET FILS / THEVIOT FABRICE / VAQUE ANDRE

BÉDARRIDES

HENRI BRUNIER ET FILS / ÉTIENNE GONNET / GONNET BERTRAND / GONNET GUILLAUME / LE GRAND PLANTIER / LA GRAVEIRETTE / LOU DEVET / MARTIN XAVIER / LES MURIERS / DOMAINE DE REVEIROLLES / SCHNEIDER JOSEPHINE / STEHELIN DANIEL

ORANGE

LA BISCARELLE / BRAVAY CHARLES / LA CAUMONNE / CHARVIN GERARD ET FILS / CHASTAN CLAUDE / CHASTAN PIERRY / DOMAINE DE CHATEAUMAR / CHAUSSY CHRISTINE ET DANIEL / CLOS SAINT-PIERRE / CLOS SAOUMA / COLLAVET MIREILLE / DAUMEN PÈRE ET FILS / FABRE NATHALIE / DOMAINE DE FUSAT / GILLES / DOMAINE DE LA PALUD / ALAIN JAUME / DOMAINE LOU FREJAU / CHÂTEAU MONGIN / DOMAINE LA MEREUILLE / DOMAINE LA MILLIÈRE / DOMAINE ROGER PERRIN / POINT MAGALI / CLOS SAFRANIER / THOUMY MARTINE / VIEUX CYPRÈS / DOMAINE DE VILLENEUVE

SORGUES

COULON CYRIL / CHÂTEAU GIGOGNAN / VIGNOBLES MOUSSET GUY ET FILS

AUTRES COMMUNES

BOUACHON ROGER (AVIGNON) / DE BIMARD CHRISTIAN (BOLLÈNE) / ROCHETTE VINCENT (BUISSON) / GIORNAL MARTINE ET JEAN LOUIS (CADEROUSSE) / CHÂTEAU BOUCHE (CAMARET-SUR-AIGUES) / GRAS EDMOND ET FILS (GIGONDAS) / MEFFRE JEAN-PIERRE ET MARTINE (GIGONDAS) / STEHELIN FREDERIC (GIGONDAS) / ANGLES VINCENT ET XAVIER (JONQUERETTES) / DOMAINE DE L'ARNESQUE (JONQUIÈRES) / BISCARRAT ET FILS (JONQUIÈRES) / JULES ET JEAN AVRIL (L'ISLE-SUR-LA-SORGUE) / DOMAINE TOURBILLON (LAGNES) / MICHEL & FILS (MONDRAGON) / MARIE-PIERRE PLUMET D'ARDHUY (MONDRAGON) / CHÂTEAU BEAUCHÊNE (PIOLENC) / CHÂTEAU SIMIAN (PIOLENC) / DOMAINE DE LA CROZE GRANIER (ROQUEMAURE) / CHÂTEAU SAINT-ROCH (ROQUEMAURE) / LES COSTES DE SAINT-GENIÈS (SAINT-GENIÈS-DE-COMOLAS) / DOMAINE DES MARAVILHAS (SAINT-LAURENT-DES-ARBRES) / AUBERT MAX (SAINTE-CÉCILE-LES-VIGNES) / CARICHON (SARRIANS) / VALENTIN ET COSTE (SAZE) / CÔTEAUX DU RHONE (SÉRIGNAN-DU-COMTAT) / FERRATON – PIERRE HENRI MOREL (TAIN L'HERMITAGE) / ROCHER (TASSIN-LA-DEMI-LUNE) / CHÂTEAU LA GENESTIÈRE (TAVEL) / DOMAINE LAFOND (TAVEL) / CHÂTEAU DE MANISSY (TAVEL) / DOMAINE DE LA MORDORÉE (TAVEL) / AUBERT FRÈRES (TRAVAILLAN) / GASQ GILLES (TRAVAILLAN) / CHÂTEAU SAINT-JEAN (TRAVAILLAN) / ROCHE DANIEL (UCHAUX) / DOMAINE LES SEMELLES DE VENT (VACQUEYRAS)) / DOMAINE VALMONT DE PERONNY (CHÂTEAUNEUF-DE-GADAGNE) / VIGNOBLES MB (VALLIGUIÈRES) / DOMAINES MEFFRE JACK ET FILS (VIOLÈS)

Achevé d'imprimer en Espagne en octobre 2017, par Indice S.L., sur papier provenant de forêts gérées de manière durable.

La Fédération des syndicats des producteurs de Châteauneuf-du-Pape et l'éditeur
remercient les maisons suivantes qui, par leur contribution, ont permis l'édition de cet ouvrage.

CHÂTEAU GIGOGNAN
Tél. : + 33 (0)4 90 39 57 46
Mail : *info@gigognan.fr*
Site web : *www.gigognan.fr*

GRANDES SERRES
Tél. : + 33 (0)4 90 83 72 22
Mail : *contact@grandesserres.com*
Site web : *www.grandesserres.com*

LES GIRARD DU BOUCOU
Tél. : + 33 (0)6 12 24 42 01
Mail : *jack@mas-du-boucou.com*
Site web : *www.mas-du-boucou.com*

MAISON GUIGAL
Tél. : + 33 (0)4 74 56 10 22
Mail : *contact@guigal.com*
Site web : *www.guigal.com*

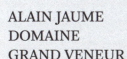

**ALAIN JAUME
DOMAINE
GRAND VENEUR**
Tél. : + 33 (0)4 90 34 68 70
Mail : *contact@alainjaume.com*
Site web : *www.vignobles-alain-jaume.com*

LE CLOS DU MONT-OLIVET
Tél. : + 33 (0)4 90 83 72 46
Mail : *contact@clos-montolivet.com*
Site web : *www.clos-montolivet.com*

CHÂTEAU MONT-REDON
Tél. : + 33 (0)4 90 83 72 75
Mail : *contact@chateaumontredon.fr*
Site web : *www.chateaumontredon.com*

**DOMAINE
PIERRE USSEGLIO & FILS**
Tél. : + 33 (0)4 90 83 72 98
Mail : *info@domainepierreusseglio.fr*
Site web : *www.pierreusseglio.fr*

DOMAINE SERGUIER
Tél. : + 33 (0)4 90 83 73 42
Mail : *nury.daniel@wanadoo.fr*
Site web : *www.domaine-serguier.com*

DOMAINE DE LA SOLITUDE
Tél. : + 33 (0)4 90 83 71 45
Mail : *info@domaine-solitude.com*
Site web : *www.domaine-solitude.com*

DOMAINE TOURBILLON
Tél. : + 33 (0)4 90 38 01 62
Mail : *contact@domaine-tourbillon.com*
Site web : *www.domaine-tourbillon.com*

DOMAINE CHANTE-PERDRIX
Franck Nicolet
501 chemin du Plan du Rhône
84230 Châteauneuf-du-Pape
Tél. : + 33 (0)4 90 83 71 86
Fax : + 33 (0)4 90 83 53 14

DOMAINE CHARVIN
Laurent Charvin
Chemin de Maucoil
84100 ORANGE
Tél. : + 33 (0)4 90 34 41 10
Fax : + 33 (0)4 90 51 65 59

VIGNOBLES & COMPAGNIE
Tél. : + 33 (0)4 66 37 49 50
Mail : *contact@vignoblescompagnie.com*
Site web : *www.vignoblescompagnie.com*

DOMAINE GEORGES-LOMBRIÈRE
Benoit Lombrière
620 route de Bedarrides, BP 33
84230 Châteauneuf-du-Pape
Tél. : + 33 (0)6 84 55 48 41

DOMAINE DE NALYS
Isabelle Ogier
Route de Courthézon
84230 Châteauneuf-du-Pape
Tél. : + 33 (0)4 90 83 72 52
Fax : + 33 (0)4 90 83 5115

VIGNOBLES MOUSSET-BARROT
CHÂTEAU DES FINES ROCHES
Tél. : +33 (0)4 90 83 51 73
Mail : *chateaux@vmb.fr*
Site web : *www.vmb.fr*

DOMAINE DE SAINT-SIFFREIN
Patricia et Cyril Chastan
3587 Route de Châteauneuf-du-Pape
84100 Orange
Tél : +33 (0)4 90 34 49 85
Fax : +33 (0)4 90 51 05 20